前言
Preface

对于来华学习汉语的外国留学生和在华工作的商务人士来说，除了学习语言知识、语言技能之外，历史悠久、丰富多彩的中国文化也是他们要了解的重要内容之一。中国文化蕴含着中国人数千年的思维方式、价值取向、民族心理、传统观念、风土人情等，无时无刻不体现在语言以及人们的日常交往中。每一个民族、每一个国家都有自己独特的民俗风情，如果想要了解和认识一个国家，最佳的途径就是先了解其民风民俗，尤其对于中国这样地大物博、具有悠久历史文化的国家来说，更是“十里不同风，百里不同俗”。留学生们了解一些中国的民俗和人文，可以更好地认识中国，更快地掌握汉语，真正做到“入乡随俗”，对他们在中国的学习、生活或工作都大有裨益。

《中国文化读本》是有关中国文化和民俗的读本，主要供具有一定汉语基础的外国留学生和来华商务人士阅读学习，也可作为汉语教师的教学参考书使用。本书的特点如下。

一、选题有针对性。民俗文化涵盖的内容极为丰富，不可能在一本书中包罗万象。本书根据外国留学生们和外国商务人士在中国学习、生活和工作的需要和兴趣，以汉民族中的民俗文化为主题，尽量选取其中有代表性的民俗文化点进行专题讲解，更有意选择了一些沿用至今的商贸礼仪、社交习俗等进行介绍，旨在使他们对中国的民俗文化有一个相对全面的了解。

二、内容上不做过多的理论性阐述，只对相关民俗现象及其文化内涵做适当介绍；关注民俗现象与语言现象之间的联系，从民俗文化的角度对一些汉语词汇的语义、语用做阐释；注意民俗现象从传统到现代的演变，让读者真正领会渗透于语言之中的文化因素，即民族观念、思维方式和审美情趣等，从而更透彻地掌握汉语和中国文化。

三、叙述语言力求浅显、简明、生动，做到知识性、趣味性、实用性相结合，以适合更大范围的读者阅读学习参考。

四、本书对文中不常用的疑难词做了随文注释，重要语言点随文给出解释并举出例句，每章后附有生词，并以英文做出相应解释，还附有思考题提示读者每章内容的重点所在。

希望本书能成为目前为数不多的针对外国留学生和来华商务人士的中国文化读本，更希望上述几点本书特色真正适合来华留学生和商务人士学习、生活和工作的需要。

本书在编写过程中参阅了一些文献资料，均附录于后，并向作者致以谢意。同时非常感谢首都经济贸易大学对外文化交流学院和华语教学出版社对本书写作和出版的大力支持，对负责本书编辑工作的陆瑜女士及其他为本书出版付出辛苦工作的相关人员一并致以诚挚的谢意。

覃俏丽

目录
Contents

第一章 传统节气与节日

第一节　农历与传统节气

一、农历

中国传统的历法是农历，农历又叫作夏历、中历、旧历，民间也叫作阴历。阴历其实是阴阳历。

阳历 (solar calendar)：一年 365 天，每四年有一个闰年，闰年是 366 天，现在各个国家使用的就是阳历，也叫作公历。

阴历 (lunar calendar)：每月的时间长度以月亮的圆缺交替一次为根据，大月 30 天，小月 29 天，一年只有 354 天。

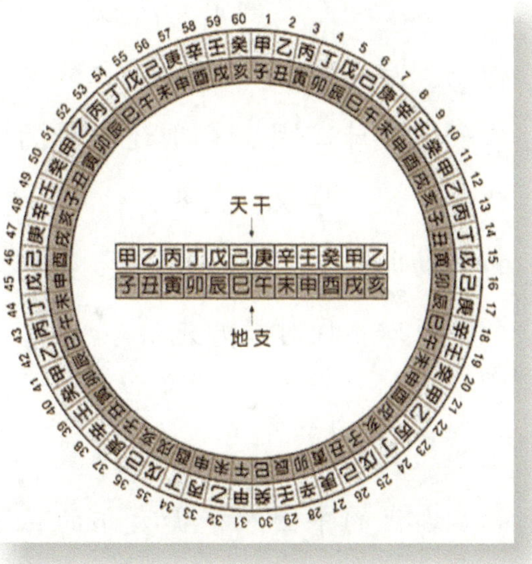

阴阳历 (lunisolar calendar)：由于阴历每年的天数比阳历大约少 11 天，每三年就少 33 天，大概是一个月的时间。这样只要经过 17 年，农历的日期和季节的对应就前后不一样了。使用这样的历法，不能满足农业生产的需要，中国人在夏代[1]时改革了阴历，即每隔三年就要加上一个月，这多加出的一个月叫作闰月。有闰月的年份叫作闰年，闰年 13 个月，有

[1] 全书中加下波浪线的为中国历史上的朝代名，详细年份请见书后附录二（中国历代纪元表）。

383 天或 384 天；没有闰月的年份叫作平年，平年 12 个月，有 354 天或 355 天。这样的历法既反映了月亮的圆缺，也与气候冷热的变化相一致了。这就是中国现在与阳历同时在使用的农历——阴阳历。

> “既……也……”中“既”表示不止这一方面，“也”后表示进一步补充说明。
> 例：①她既学过英语，也学过法语。②他这个人既有不少优点，也有一些缺点。

农历纪年用天干地支搭配，六十年为一个周期。天干地支简称干支，用来表示日、月、年的次序，包括十个天干和十二个地支。十个天干是：甲、乙、丙、丁、戊、己、庚、辛、壬、癸；十二个地支是：子、丑、寅、卯、辰、巳、午、未、申、酉、戌、亥。天干和地支排列起来共有六十个组合，称为“六十甲子”，古代的中国人就以循环的六十甲子来纪年、纪月、纪日，如公元 2017 年在农历中就是丁酉年。

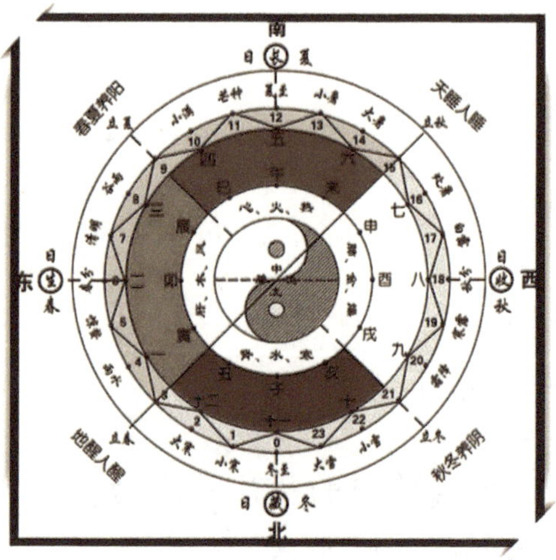

农历的第一个月，按照习惯称为正月；农历的十一月和十二月分别称为冬月和腊月，表示气候寒冷的成语“十冬腊月”就是从此得来的，意思是十月、十一月和十二月为一年中最寒冷的月份。但现在冬月这个称呼已经很少用了。

农历一个月的前十天按顺序习惯上称为初日，如农历的一月一日称为正月初一。后十天按顺序习惯上称为廿日。农历的每个月份还有不同的别称，从农历一月到十二月，分别还可称为：孟春、仲春、季春、孟夏、仲夏、季夏、孟秋、仲秋、季秋、孟冬、仲冬和季冬。其中，“孟”“仲”“季”原来是兄弟姊妹的长幼顺序，“孟”为最长，“仲”次之，“季”为最幼，在此用这个顺序表示各个季节中不同时段的先后。

二、二十四节气

古代的中国人根据太阳的位置，把一个太阳年分成二十四个节气，以利于农业种植

> 文中的两处“于”有不同的意思，分别是：
> (1) 用在形容词后，是形容词后缀。
> 例：①这个方法看起来容易，实际上难于实行。
> ②他是一个善于学习的人。

等活动。二十四节气是用来反映气候和物候变化、掌握农事 (farm work) 季节的工具。它起源于中国的黄河流域，远在春秋战国时期，中国就已经能用土圭 (tǔguī, sundial) 来测量正午太阳影子的长短，并且通过长短来确定冬至、夏至、春分、秋分四个节气。到了秦汉时期，二十四节气就已完全确定下来了。

(2)用在动词后，"在"的意思，表示处所、来源或时间等。
例：①她出生于上海。
②这个公司成立于1991年。

二十四节气的命名有一定讲究。"立"表示一年四季中每一个季节的开始，立春、立夏、立秋、立冬就表示春夏秋冬开始了，一般在公历每年的2月4日、5月5日、8月7日和11月7日前后。"至"是"极"的意思，如夏至这天，在北半球，用土圭测日影，日影最短，白昼达到最长。夏至以后，北半球的白昼慢慢缩短。夏至、冬至表示夏天、冬天已经来到，但还不是最热或最冷的时候，夏至日、冬至日一般在每年公历的6月21日和12月22日左右。"分"表示平分的意思，春分、秋分时一天昼夜长短相等，这两个节气一般在每年公历的3月20日和9月23日左右。

1. 立春

立春在公历2月4日前后。"立"是开始的意思，立春就是春季的开始，中国人一直把立春作为春季的开始。春天是非常重要的季节，民间有句谚语"一年之计在于春"，这句话的意思是"要在一年开始时多做并做好工作，为全年的工作打好基础"。立春时人们常吃春卷、春饼等食品，这叫"咬春"或"尝春"。不过现在人们更多地用吃面条和饺子代替了吃春卷、春饼来迎接春天的到来，因此现在民间广泛流传有"迎春饺子打春面"的说法。

2. 雨水

雨水在公历2月18日前后。雨水表示一年中降水的开始，从此雨量慢慢增多，雨水之后的农历二月二是一个特殊的日子，北方叫"龙抬头"，南方叫"社日"。在北方地区的"二月二"这天，人人都要理发，这样会在"龙抬头"的日子走好运，人们在这一天要吃面条，吃的面条叫"龙须面"。南方的"二月二"社日习俗内容丰富，主要活动是祭祀土地、宴饮、看社戏 (village theatrical performance given on religious festivals) 等。

3. 惊蛰

惊蛰在公历 3 月 5 日前后。“蛰”是藏的意思，惊蛰是指春雷刚刚响动，惊醒了在土地中冬眠的动物。从此气温回升较快。

4. 春分

春分在公历 3 月 20 日前后。这个时候利于农作物播种和植树造林。此时春风轻拂，还是大人孩子放风筝的好时候。

5. 清明

清明在公历 4 月 5 日前后。此时天气晴朗、气温慢慢转暖。“清明”不仅是一个重要的农事节气，也是从二十四节气中演变成民间节日（清明节）的节气。民间一直有在这几天扫墓、插柳、踏青、放风筝的习俗。

6. 谷雨

谷雨在公历 4 月 20 日前后，是“雨生百谷”的意思。这时候雨水增多，对谷类作物的生长很有好处。谷雨前后是牡丹花开的重要时段，因此，牡丹花也被称为“谷雨花”。一直到现在，河南洛阳等地仍多在谷雨时节举行牡丹花会，供人们欣赏游玩。

7. 立夏

立夏在公历 5 月 5 日前后，是夏季的开始。据记载，立夏这一天，帝王要率文武百官到京城的南郊去迎夏，举行迎夏仪式，以表达期待丰收的美好愿望。立夏时，各地都有不少饮食风俗，如南方一些地区的人们喜欢用赤豆、黄豆、黑豆、青豆、绿豆等五色豆和白粳米 (polished round-grained rice) 一起煮成“五色饭”，称为吃“立夏饭”。

8. 小满

小满在公历 5 月 21 日前后。麦类等夏熟作物籽粒开始饱满，但还没有成熟。一些农村地区有在小满“祭车神”的习俗。传说“车神”为白龙，祭品 (sacrificial offering) 中有一杯白水，祭祀的时候洒入田中，有祝水源丰富之意。

9. 芒种

芒种在公历 6 月 5 日前后。此时麦类等有芒的农作物成熟，夏季种植开始。过去芒种时有“送花神”的习俗。农历二月十二“花朝节”上有迎花神活动，到芒种时已快到五月份了，民间多在芒种日举行祭祀花神的仪式，送花神归位，盼望来年再次相会。

10. 夏至

夏至在公历 6 月 21 日前后，“夏至”指炎热的夏天来临。夏至是全年白昼最长的一天。很多地区夏至有吃面条的习俗，有一句谚语叫“冬至馄饨夏至面”，意思是冬至的时候吃馄饨，夏至的时候吃面条。

11. 小暑

小暑在公历 7 月 7 日前后。“暑”是炎热的意思，小暑的意思就是气候开始炎热。古人认为小暑还不是一年中最热的时候，因此称为“小暑”。

12. 大暑

大暑在公历 7 月 23 日前后，是一年中最热的时候。小暑、大暑到立秋之后的这一段时间，在 7 月中旬到 8 月中旬，这时候中国大部分地区是一年中最热的时节。俗话说“冷在三九，热在三伏”。这段时间叫数伏天，数伏天气要持续一个多月，人们把这段时间叫“三伏”，很多地方有“头伏饺子，二伏面，三伏烙饼摊鸡蛋”的食俗。

13. 立秋

立秋在公历 8 月 7 日前后，立秋表示炎热的夏季快要过去，秋天就要来临。当立秋到来时，中国很多地方仍然是在炎热的夏季中，立秋后炎热的天气还不能很快结束，还时有“秋老虎”肆虐的情况。中国民间形容立秋以后短期回热的天气像“秋老虎”，一般出现在公历 8 月 9 日前后，大概持续 7 至 15 天，不过立秋后天气会慢慢凉快起来。立秋时，不少地方流行“贴秋膘”的食俗，就是吃以肉类为主的美食，如炖肉、炖鸡、红烧鱼等。

14. 处暑

处暑在公历 8 月 23 日前后。“处”是终止、躲藏的意思，处暑是表示炎热的暑天结束了。这时秋意渐浓，正是人们去郊野迎秋赏景的好时节。

15. 白露

白露在公历 9 月 7 日前后。此时气温开始下降，天气转凉，早晨草木上开始有露水了。

16. 秋分

秋分在公历9月23日前后。此时昼夜一样长。秋分曾是传统的“祭月节”。古代有“春祭日，秋祭月”之说，现在的中秋节就是由传统的“祭月节”而来。早在周代，古代帝王就有春分祭日、夏至祭地、秋分祭月、冬至祭天的习俗，其祭祀的场所称为日坛、天坛、月坛、地坛，分设在都城东南西北四个方向。这种风俗先在皇室及上层贵族中实行，随着社会的发展，逐渐影响到民间。

> “随着”用于前半句，表示在一定情况下，后半句表示在这种情况下出现的结果。
> 例：①随着汉语水平的提高，他在中国生活得更自在了。
> ②随着中国经济的发展，人们的生活水平提高了。

17. 寒露

寒露在公历10月8日前后。此时气温更低，开始逐渐有了寒意，空气易结露水。寒露时秋意渐浓，秋高气爽，是登高的好时节，很多地方的人们都有登高秋游的习俗。

18. 霜降

霜降在公历10月23日前后。霜降是秋季的最后一个节气，也是秋季到冬季的过渡节气。这时候天气渐冷，开始有霜。

19. 立冬

立冬在公历11月7日前后，是冬季的开始。立冬在中国古代社会中是个重要的节日，据记载，立冬这一天，皇帝会率领文武百官到京城的北郊设坛祭祀。即便是现在，人们在立冬之日往往也要庆祝一下。北方人大多在立冬这天吃饺子；而在南方，这天人们爱吃些鸡鸭鱼肉等荤食。

20. 小雪

小雪在公历11月22日前后，意味着气温持续降低，天气寒冷，开始下雪，但一般雪量较小。小雪节气后，很多地方的人们开始动手做香肠 (sausage)、腊肉 (bacon)，等到春节时正好可以享用。

21. 大雪

大雪在公历12月7日前后。此时降雪量增多，地面可能积雪。大雪的意思是天气更冷，降雪的可能性比小雪时更大了。

22. 冬至

冬至在公历 12 月 22 日前后，指寒冷的冬天来临。冬至是二十四节气中最早被制订出来的，是中国农历中一个非常重要的节气，也是一个传统节日。过去曾经有“冬至大如年”的说法，意思是过冬至跟过新年一样重要。至今在不少地方仍有过冬至节的习俗。把冬至当成节日来过是从汉代开始的，在唐代和宋代两个朝代很流行。一直到现在，北方地区都有冬至宰羊、吃饺子的习俗，正像俗话说的“十月一，冬至到，家家户户吃水饺”；南方地区在这一天有吃冬至米团 (rice ball)、冬至长线面的习惯，如今江南一带仍有“吃了冬至夜饭长一岁”的说法，俗称“添岁”。经过数千年的发展，冬至已形成了独特的节令食文化，*诸如馄饨、饺子、汤圆、赤豆粥、黍米糕等都可作为冬至节食品。*不少地区在冬至这一天还有祭天、祭祖的习俗。

> “诸如”为举例用语，放在所举的例子前面，表示不止一个例子。
> 例：①他擅长各种运动，诸如游泳、网球、篮球等。
> ②学汉语有很多方法，诸如看中文电影、和中国人聊天、去中国各地旅行等都是很有效的方法。

23. 小寒

小寒在公历 1 月 5 日前后，指天气寒冷，但还不是最冷的时候。小寒之后，中国气候开始进入一年中最寒冷的时段。

24. 大寒

大寒在公历 1 月 20 日前后，是天气寒冷到极点的意思，指一年中最冷的时候。在大寒至立春这段时间，人们忙着除旧布新，准备年货 (necessities and food prepared for the Spring Festival)。这期间有很多重要的民俗和节庆，如尾牙祭、祭灶和除夕等。

在民间有不少关于二十四节气的歌谣，不仅说出了二十四节气的气候、农事特点，而且易懂易记。如：

《二十四节气歌》

春雨惊春清谷天，夏满芒夏暑相连，
秋处露秋寒霜降，冬雪雪冬小大寒。

每月两节不变更，最多相差一两天。
上半年来六、廿一，下半年来八、廿三。

《数九歌》

一九二九不出手；三九四九冰上走；
五九六九沿河看柳；七九河开，八九雁来；
九九加一九，耕牛遍地走。

生词表 Words

1.	交替	jiāotì	（动词）	alternate
2.	根据	gēnjù	（名/介）	basis; according to
3.	对应	duìyìng	（动词）	correspond with/to
4.	改革	gǎigé	（动词）	reform, innovate
5.	搭配	dāpèi	（动词）	match
6.	循环	xúnhuán	（动词）	cycle
7.	起源	qǐyuán	（动词）	originate from
8.	流域	liúyù	（名词）	river valley
9.	测量	cèliáng	（动词）	measure
10.	讲究	jiǎngjiu	（名词）	deserving attention or careful study
11.	流传	liúchuán	（动词）	spread
12.	祭祀	jìsì	（动词）	offer sacrifices to gods or ancestors in reverence and for blessings
13.	演变	yǎnbiàn	（动词）	evolve, develop
14.	传说	chuánshuō	（动词）	pass from mouth to mouth, circulate
15.	俗话	súhuà	（名词）	proverb, popular saying
16.	持续	chíxù	（动词）	last, sustain
17.	贵族	guìzú	（名词）	nobleman, aristocrat

思考题 Questions

1. 中国的农历有什么特点?

2. 什么是"天干地支"?

3. "二十四节气"分别是什么?

4. "二十四节气"中"立春""清明""立秋"和"冬至"时中国民间有什么风俗活动?

第二节　传统节日

中国历史悠久，有许多具有特色的传统节日，如春节、元宵节、清明节、端午节、中秋节等等。中国传统节日的形成跟农历节气、早期的原始信仰和祭祀活动，以及长期的农业社会的发展有着密切的关系，在历史的发展中也会有一些变化。中国有很多有趣的节日传说和故事，还有丰富多彩的节日风俗习惯，从中可以看出中国人的衣食住行、社会关系、传统艺术、宗教信仰等方方面面的沿袭演变过程。了解中国节日的起源、风俗习惯，对了解中国的历史文化和中国人的生活是很有帮助的。

> “具有”意思是“有”，多用于抽象事物。
> 例：①这些服装具有中国传统风格。
> ②这一天对于两国关系来说具有伟大的意义。

一、春节

1. 春节的来历

春节是中国人最重要的节日。中国人过春节的习俗有很长的历史，在两千多年前的殷商时期人们就已经过春节了。从汉代到清代随着中国社会的进步和开放，很多习俗已经被淡化和省略了，特别是在一些大城市。中国人一直使用农历，把农历新年的第一天叫作“元旦”。自 1911 年以后，中国开始用公历，改为把公历新年的第一天叫作“元旦”，原来农历新年的第一天就叫作“春节”了。不过，传统的春节一般是从上一年的农历十二月二十三日（农历十二月也叫腊月）的灶王节，一直到第二年的农历一月十五日（农历一月也叫正月）的元宵节，其中除夕（腊月的最后一天）和正月初一（农历新年的第一天）这两天最为重要。在春节这一传统节日期间，中国的汉族和大多数少数民族人民都要举行各种庆祝活动，迎接新年的到来。

2. 春节习俗

（1）过小年

腊月二十三，也就是春节开始的第一天，俗称“小年”。过去人们在这一天一定要拜祭灶王神（也叫灶王爷）。灶王神是每一家的保护神，传说他从上一年的除夕开始就一直待在家里的灶房 (kitchen) 中，保护他所在人家的平安。到了腊月二十三日，他要上天向天上的玉皇大帝报告他所在人家的好事或者坏事。如果他报告的是好事，那么这家人新的一年就会幸福；如果他报告的是坏事，那么这家人新的一年就会倒霉。可见灶王神的话对一家人来说是非常重要的。为了让灶王神在玉皇大帝面前多说好话，每家每户在腊月二十三的晚上都会来到灶房，先在灶王的神像 (statue of a god) 前敬香，然后供上用糖和面做的糖瓜等，意思是让灶王爷多说好话，最后把灶王神的神像和纸马、草料放在灶中烧掉，送灶王神上天。现在很多农村家庭和部分城市家庭还这样过这个节。

（2）大扫除

从腊月二十三到除夕，这段时间叫“扫尘日”。扫尘就是大扫除，把家里打扫得干干净净的。因为“尘”与“陈”谐音，“陈”有“旧”的意思，春节扫尘的意思是要赶走旧的事物，迎接新的事物，也就是要把一切倒霉、疾病、不高兴的事等都扫出门去。这一习俗表达了人们希望美好事物到来的愿望。这段时间，家家户户打扫房子，到处都充满着高高兴兴搞卫生、干干净净迎新春的欢乐气氛。

（3）贴春联、福字

春节到来的时候，家家都在门上、墙上或是家具上贴春联或者福字。春联是对联的一种，因为在春节时张贴，所以叫“春联”。春联分为上联、下联，还有横批，如：上联“一帆风顺年年好”，下联“万事如意步步高”，横批“吉星 (lucky star) 高照”。上联和下联的字数一样，横批的字数少一些，大多是四个字。上联贴在大门的右边，下联贴在大门的左边，横批贴在大门上方的中间，读的时候从右往左、从上到下，先读上联，再读下联，最后读横批。春联一般写在红色的纸上，红色代表欢乐吉祥，一副大红春联贴在门上，可以表达人们的美好愿望，增加节日喜庆的气氛。“福”的意思是幸福、福气，把“福”字贴在家具或房间里的墙上。表示全家人的生活会非常幸福。有的人还喜欢把“福”字倒着贴，读的时候人们会说“福倒（dào）了”。“倒”和“到”是谐音，意思就是“福到了”。听到这句话，人们觉得很吉利。这些习俗都体现了人们希望生活幸福的美好愿望。

（4）除夕

①除夕的传说

除夕是农历年的最后一天，也叫“大年三十儿”。“除夕”的意思“除旧布新”，也就是说旧的一年走了，新的一年就要来到。关于除夕还有一个传说。很久以前有一个凶恶的怪兽叫“夕”，每年到年底的时候它就出来吃人。后来人们发现，夕怕三种东西，分别是红颜色、火光和响声。于是人们在门口挂上红色的木板，在门前烧火，夜里不睡觉，敲打出很大的声音，夕来的时候就被吓跑了，再也不敢吃人了。人们非常高兴，摆上很多的酒和菜，互相祝贺夕被赶跑。因此，以后的每年年三十儿晚上，家家户户都贴红春联、放爆竹，并且做一桌丰盛的饭菜，大家围坐在一起吃饭，借此祝愿大家在新的一年幸福安宁。这种风俗从此流传下来，年三十儿晚上便称为“除夕”了。

> “于是”表示后一事紧接着前一事，后一事往往是由前一事引起的。
> 例：①我很想了解更多的中国文化，于是就来到中国留学。
> ②听说前边堵车堵得厉害，于是我们就绕了一下道。

②年夜饭

除夕是中国人一年中最热闹的一个晚上。这一天，在外工作、学习的人们都要回家，全家人围坐在饭桌旁一起吃饭。这顿饭叫“年夜饭”。饭菜非常丰盛，一般都会有鸡、鱼等菜肴。“鸡”和“吉”谐音，“吉”的意思是“吉利、吉庆、吉祥”；“鱼”和“余”谐音，“余”的意思是“剩下”，表达人们希望“年年有余”的愿望，就是钱财花不光、生活更富裕的意思。“鸡”和“鱼”在一起，意为“吉庆有余”，就是说有很多的吉利、福气将在一年内保佑全家。

在中国北方，除夕夜是一定要吃饺子的。这天晚上，全家人要围坐在一起包饺子过年。首先，饺子的“饺”和“交”谐音，“交”有相聚之意，所以用饺子象征团圆；其次，“饺子”和“交子”谐音，“交子”有子时（夜里 11 点到 1

点）新年代替旧年的意思；再有，饺子的样子像元宝 (gold or silver ingot used as money in ancient China)，过年时吃饺子，也带有“招财进宝、新年发财”的吉祥含义。有人包饺子时还喜欢根据场合的不同，在一两个饺子中放进糖、铜钱、花生、枣、栗子等物，谁吃到就意味着谁运气好，如：*吃到糖的，意味着日后生活甜蜜；吃到铜钱意味着有钱花；吃到花生意味着长寿，因为花生又叫长生果；吃到枣和栗子的意味着早生贵子……*不管饺子里边有什么东西，谁先吃着了，谁就会有好运气。一般是在除夕夜把饺子包好，一过了当天晚上十二点就可以吃了。

> “意味着”意思是含有某种意义。
> 例：①尊重别人也意味着尊重自己。
> ②经济的发展意味着人们生活水平的提高。

③守岁

除夕之夜，全家人吃过年夜饭以后，就坐在一起聊天儿，整夜不睡觉，等着旧年过去，迎接新年到来。这样做象征着人们把一切不好的事赶走，这样，新的一年就会吉祥如意，这就是“守岁”。守岁有两种含义：年纪大的人守岁是“辞旧岁”，有珍惜时间的意思；年轻人守岁，是为延长父母的寿命。新旧年交替的时刻是午夜子时（晚上十二点前后），在这个时刻人们要到屋外燃放爆竹 (firecracker)，因此除夕晚上到处都是爆竹“噼里啪啦”的声音，非常热闹。*对孩子们来说，放爆竹是最让他们高兴的庆祝活动。*

> “对……来说”这个句式表示从某人、某事的角度去看。
> 例：①对来华留学生来说，了解中国文化很有必要。
> ②对中国来说，经济发展和环境保护都很重要。

（5）正月初一

正月初一也叫大年初一，和除夕一样重要，因为这一天是新年的第一天，是新年中一切的开始。人们认为，在这一天里所做的事情决定新的一年的运气，因此在初一这一天也有不少风俗习惯。

①开门放鞭炮

大年初一早晨，家家户户开门的第一件事就是燃放红皮爆竹。爆竹放完后，地上到处都是红色的纸屑，称为“满堂红”，象征新年的日子红红火火。之所以不能打扫地上的纸屑，是因为传说正月初一是扫帚的生日，如果这一天使用扫帚，可能会扫走运气、破财，还会把“扫帚星”引来，招致霉运。如果一定要扫地，必须从屋子周围扫到屋子中间、从外头扫到里边，称为“聚财扫”，可以把钱聚到一块儿。同时，这一天也不能往外倒水倒垃圾，这是怕把运气、钱财倒走。现在许多地方还保留了在大年夜前把房间打扫干净，大年初一不扫地、不倒垃圾、不往外倒水的习俗。

②拜年

“拜年”在古代是指给年纪大的人祝贺新年，现在把到亲戚、朋友、邻居、同事等家里祝贺新年都叫“拜年”。大年初一，人们都早早起床，穿上漂亮的衣服，打扮得整整齐齐。这一天，晚辈要先向长辈拜年，祝福长辈健康长寿、万事如意。在给家中的长辈拜完年以后，人们出门去走亲访友，相互拜年，祝新年大吉大利。拜年的方式很多，可以一家一户逐一拜访，也有大家聚在一起相互祝贺的，叫“团拜”。现在拜年的方式就更多了，除了以前的传统拜年方式以外，还有寄贺卡拜年、电话拜年、短信拜年，以及网络视频(video)拜年等新形式。

③压岁钱

拜年的时候，孩子们要先给长辈拜年，祝长辈长寿安康，长辈会把事先准备好的压岁钱发给孩子们。压岁钱的“岁”与“祟”谐音，“祟”的意思是鬼神带来的灾祸。压岁钱一般被包在红色的纸中，人们相信这样可以压住邪祟，帮助孩子在新的一年平平安安、健康吉利。给压岁钱的时间各地方、各家庭会有所不同：有的是吃完年夜饭后给；有的是孩子们睡着以后，长辈把压岁钱放到他们的枕头下；有的是在春节期间拜年的时候给，等等。春节期间，亲戚、朋友、同事带着孩子来家里拜年，主人一般也会给孩子压岁钱。压岁钱的多少根据当地习惯、经济条件或关系远近来决定。过春节能得到压岁钱，孩子们都非常高兴。

（6）正月初二

春节期间，最常听到的祝福就是“恭喜发财”了。过去北方在正月初二这一天祭财神，很多商贸店铺或者普通家庭都要举行祭财神的活动，祭祀在除夕夜接来的财神。这天中午一般吃馄饨，叫“元宝汤”。过去老北京的大商号在这天会用整猪、整羊、整鸡、整鸭、红色活鲤鱼等当祭品举行祭祀活动，希望这新的一年发大财。财神在中国民间传说中是主管财源的神明，影响最大的就是赵公明。赵公明生活在三千多年前，他修道成功，死后被视为财神供奉于财神庙和各家各户。传说他可以帮助人们买卖顺利，发财致富。

（7）正月初五

①祭财神

南方人在正月初五祭财神。在中国南方，人们在正月初五零时零分，打开大门和窗户、燃香 (incense) 放爆竹、点烟花 (fireworks)，向财神表示欢迎。祭财神要用羊头和鲤鱼 (carp)，供羊头有“吉祥”的意思，供鲤鱼是因为“鱼”与“余”谐音，意思是钱财有剩余。大家希望财神爷能把钱财带到自家来，在新的一年里发财致富。

②破五

农历正月初五，俗称“破五”。中国大部分地区的习俗是腊月三十到正月初五以前，特别是大年初一，各家各户一般不能搞卫生，扫地也只能在屋里扫，垃圾先放在屋角处，不往屋外倒。不过到了初五这一天，人们却一定要打扫卫生，还要放鞭炮，说是要把一切不吉利的东西都赶出屋去。而且，很多从除夕到初四这几天不能做的事情，到初五这天都可以做了，人们还会吃饺子祝贺。

③开市

过去春节期间大小店铺从大年初一起关门，在正月初五开市，他们认为选择这一天开市会发大财。现在也有很多商家不讲这个风俗了，春节期间照常做生意，初一到初五每天都开门营业，可以赚比平时多得多的钱。

二、元宵节

农历正月十五日，是中国的传统节日——元宵节。正月是农历的元月，古人叫作“宵”，而且正月十五日晚上的月亮又是一年中第一个圆月，所以称正月十五为元宵节，“元”是“开始、第一”的意思。元宵节也叫“上元节”，开始于两千多年前的汉代，是春节后的一个重要的节日。

1. 赏灯

元宵节也叫作“灯节”。在元宵节前后几天，到处挂满了各种各样的花灯。花灯都很漂亮，五颜六色，形态各异。花灯上面画着各种神话故事、历史人物和花鸟鱼虫等图案。元宵节的晚上，人们或是全家一起，或是和朋友一起，上街观赏美丽的花灯和焰火，到处都很热闹，充满了欢乐祥和的气氛。元宵节观赏花灯的习俗从东汉时期开始。那时佛教 (Buddhism) 刚传入中国，汉明帝为了表示对佛教的尊敬，就规定在元宵节挂灯，后来这种做法逐渐成为民间的习俗。元宵节这天除了观赏花灯和焰火以外，人们还常举行其他一些有趣的活动。

2. 猜灯谜

“猜灯谜”又叫“打灯谜”，是元宵节后来增加的一项活动，最早出现在宋代。南宋的首都在临安，每年到了元宵节时，在临安城内经常有人把谜语贴在或写在花灯上让大家猜。这一活动让大家在观赏花灯的同时，还可以动动脑子，非常受欢迎。于是这项风俗就一直延续到今天。

3. 舞狮子

舞狮子的习俗到现在已经有一千多年的历史了。狮子是百兽之王，人们把它看作勇敢和力量的象征，认为它能驱邪镇妖 (evil)、保护人畜 (people and livestock) 平安，所以慢慢形成了在庆祝元宵节与举行其他重大活动上舞狮子的习俗，希望生活吉祥如意、事事平安。舞狮子有南、北两种表演风格：北派舞狮以表演“武狮”为主，狮子在“狮子郎”的引导下，表演腾翻、扑跌、跳跃、登高、朝拜等比较难的动作，流行于中原地区的河北等地；南派舞狮以表演

"文狮"为主，表演时讲究体现狮子的多种表情，模仿狮子的各种动作，有些动作很有难度，欣赏起来很有意思，在广东、香港和澳门等地方很流行。

4. 舞龙灯

舞龙灯 (dragon lantern) 也叫"耍龙灯"或者"龙舞"。龙在现实中并不存在，但是中国人崇拜龙，把龙看作吉祥的象征，认为它能保护人们的生产和生活，所以在很多活动中有舞龙的习俗。舞龙有很多种，比较流行的有两种：一种是"火龙"，用篾竹 (bamboo strips) 扎成龙的样子，糊上纸，画上色彩，龙身有节，节数可多可少，为单数，每节中点上蜡烛或是别的燃料，舞动起来非常好看；还有一种是"布龙"，龙节中没有蜡烛，主要在白天表演。元宵节时，许许多多的舞龙队在一起表演，表演时还伴有锣鼓 (gong and drum) 演奏，场面非常热闹。现在中国以及其他一些国家的华人聚集地区还保留着舞龙灯这个古老的传统。

5. 吃元宵

过元宵节要吃元宵。元宵也叫汤圆，和"团圆"一词字音相近，吃元宵象征着全家人团团圆圆，生活幸福，人们也以此怀念离别的亲人，表达对未来生活的美好愿望。元宵是糯米 (sticky rice) 做成的，在南方被叫作汤圆，在北方被叫作元宵。南方的汤圆有甜的也有咸的，有肉的也有素的，其中宁波汤圆很有名气。北方的元宵一般是甜的，口味多样，有白糖、豆沙、芝麻、山楂等。南方汤圆和北方元宵的做法不太一样，南方的汤圆主要用手心揉团的方法制作，北方的元宵主要用箩 (bamboo basket) 滚手摇的方法制作。

三、清明节

清明节是中国重要的传统节日，它既是农历节气，也是节日。清明时，大部分地区寒冷的冬天已经过去，温暖的春天真正来到了，气温升高，雨量增多，大地草木生长，柳绿桃红。清明节一般会下些小雨，风也很轻柔，是人们非常喜欢的节气。传统的清明节已经有二千五百多年的历史，现在是中国的法定节假日之一。

1. 寒食

寒食节跟清明节的时间很接近，大概在清明节前一两天。最初清明节只是一个节气，而寒食节这一天人们会禁烟火，只吃寒食，后来逐渐增加了寒食节扫墓、踏青等风俗。再后来寒食节和清明节就合在一起了，寒食节的习俗也就成为了清明节的习俗。关于寒食节流传着这样一个传说：在春秋时期，晋文公重耳在做国君 (monarch) 以前，因为被迫害而到处流亡，只有几个大臣 (minister) 跟着他，其中一个大臣叫介子推。有一次重耳因为饥饿而昏倒，介子推就从自己腿上割下一块肉，烤熟后给重耳吃，重耳得救了。晋文公做国君后，分封群臣，唯独把介子推给忘了。晋文公后来想起来介子推当年救过自己的事情，心中很惭愧，马上派人去请介子推。介子推不愿意来，晋文公只好亲自去请。但介子推和母亲却躲进了绵山（位于今山西省），不愿见他。晋文公就让人放火烧山，三面点火，留下一方，他认为火烧起来后介子推一定会出来见他的。没想到大火烧了三天三夜，介子推和母亲也没有出来见晋文公，而是甘愿被火烧死在一棵柳树下。晋文公又后悔又难过。为了纪念介子推，晋文公把绵山改名为“介山”，并把放火烧山的这一天定为寒食节，命人们每年的这一天不能用火做饭，只吃寒食。第二年，晋文公特意带人到介山，走到介子推坟前时，只见那棵被烧死的老柳树又活过来了。晋文公望着那棵老柳树，像看见了介子推一样。他敬重地走到那棵柳树前，摘下一条柳枝，编了一个柳圈儿戴在头上。祭扫后，晋文公把那棵老柳树赐名为“清明柳”，又把这天定为清明节。

> “因为 / 因……而……”句式中，“因为 / 因”的后边表示原因，“而”的后边表示结果。
> 例：①他因为努力而取得成功。
> ②我们不能因困难而放弃。

2. 扫墓

扫墓本来是寒食节的活动，后来慢慢成为清明节的活动。到了唐代，皇帝为清明扫墓活动颁布政令，从此清明节就有了法定的假期。中国人一直有尊重祖先的传统。清明节这一天，人们上坟扫墓，清理先辈墓前的杂草，供奉祭品，燃烧纸钱 (paper made to resemble money and burned as an offering to the dead)，表达对先人的敬意和怀念。

3. 踏青

清明节时天气渐暖，大地回春，正是郊游的好时节。人们在这时候纷纷去有山有水的郊外欣赏碧草绿树等美丽的风景，叫“踏青”。从古代到今天，中国人一直保持着这个习俗。

4. 放风筝

放风筝是人们非常喜欢的活动。清明节时，春风吹拂，很适合放风筝。风筝在中国已经有两千多年的历史了，开始时它只是军事上传递消息的工具，后来慢慢成为民间游戏的工具。过去，有的人把风筝放上蓝天后，会故意把牵线剪断，让风把它们送到很远的地方，据说这样能除病消灾，给自己带来好运。现在人们喜欢放风筝，是因为它能让人锻炼身体，心情愉快。

5. 植树

清明节与农业生产有密切关系。清明前后，春阳明媚，春雨飞洒，树苗种植成活率高，成长快，是春耕春种的大好时节。因此，自古以来，人们就有在清明前后植树的习惯。中国还流传着“清明前后，种瓜点豆”“植树造林，莫过清明”等农业谚语。

6. 插柳

清明节还有插柳的风俗。插柳一是为了纪念中国农业的祖师“神农氏”，一是用来辟邪。柳树有强大的生命力，俗话说:“有心栽花花不开，无心插柳柳成荫。”这句话的意思是“用心地种花，做了很多工作，但花却总是不开；而把随意折下来的一只柳条插在地里，从来不去照料它，几年过去，却长成了一大片柳树林”。这句俗话后半句的字面意思是柳条插土就活，插到哪里就活到哪里，年年插柳，处处成荫，整句话是比喻想做一件事情，花了很大的精力，做了很多努力，但是结果并没能如愿；而不太用心去做的事情，却能很顺利地得到好结果。顺便一提，中国古代还有“折柳赠别”的风俗，因为“柳”和“留”谐音，“留”是挽留的意思，亲人、朋友分别时折柳、赠柳表示难分难离，恋恋不舍的心意。

四、端午节

端午节在每年农历的五月初五，也叫“端阳”或“端五”，“端”是“开始”的意思。端午节是中国民间四大传统节日（春节、清明、端午、中秋）之一。民间在这一天主要有赛龙舟、吃粽子等风俗。

1. 赛龙舟

龙舟是一种装饰成龙的样子的船。古代居住在中国南方的吴越民族，因为常常遭受水灾和其他灾害，就把龙当作保护神。每年农历五月初五这一天，人们把食物包在树叶里或竹筒 (thick bamboo tube) 中，投进水里给龙吃，同时还划着龙舟比赛，也叫“龙舟竞渡”，这些活动都是希望龙能保护他们。中国很多地方都有赛龙舟的活动，尤其在南方更为盛行。赛龙舟还流传到东南亚的一些国家，如日本、朝鲜、泰国、马来西亚、越南等国，慢慢变成了一项世界性的体育比赛项目。

关于赛龙舟的起源还有其他不少传说，最有名的是为了纪念中国伟大的爱国诗人屈原。屈原是两千多年前战国时期的楚国人。楚国的国王楚怀王原来非常信任他。但是由于一些贵族 (nobleman) 和奸臣 (treacherous courtier) 常常在楚怀王面前说屈原的坏话，楚怀王没有接受屈原联合齐国攻打秦国的主张，而且不再信任他。后来楚怀王被骗到秦国而且死在那儿。屈原听到这个消息非常难过，请新楚王顷襄王出兵秦国，为楚怀王报仇。但是顷襄王把屈原流放到今天湖南一带的地方，不希望再见到他。不久以后，秦国就把楚国灭掉了。看到自己的国家被秦国消灭，屈原觉得自己已经没有了生活下去的希望，就在他六十二岁那一年的农历五月初五跳进了汨罗江中。当时的楚国人民听到这个消息，马上划着船去救他，但是已经晚了。人们很难过，以后就在每年农历五月初五这一天举行赛龙舟的活动来纪念屈原。

2. 吃粽子

早在春秋时期，人们就开始用茭白叶子把黍米包成牛角的样子，当时把这种食物叫作“角黍”，后来又改叫“粽子”，其形状在不同的时代和地方有所不同。

从古代一直到今天，每年五月初，中国的各家各户都要泡糯米、洗粽叶、包粽子。粽子的种类非常多：北方如北京地区，常吃小枣馅和豆沙馅的甜馅粽子；南方则有鲜肉、火腿、蛋黄等多种咸馅的粽子，其中浙江的嘉兴粽子驰名中外。千百年来，吃粽子的风俗不仅在中国流行，还流传到朝鲜、日本及东南亚国家。相传粽子的由来也和屈原有关。传说受人爱戴的屈原农历五月五日投江死后，人们为纪念他，常在每年的这一天把米投进水中。可是年年投进水里的米总被鱼虾吃掉，所以人们就想出了用芦叶把米包住再投进水中的办法，这样鱼虾就吃不到米了。后来用芦叶包糯米就变成了粽子这种食品。人们每年在端午节这天也通过吃粽子来纪念屈原。

3. 辟邪除疾

农历五月是夏天的开始，天气比较湿，容易生病，在古代被叫作“毒月”或“恶月”，人们要在这个月举行一些活动来辟邪除疾。当时人们认为喝雄黄酒 (realgar liquor)，可以去掉灾难，治病解毒，过节的时候都要喝一点儿。不过现在人们已经知道雄黄酒本身有些毒性，对身体不好，就不再喝了，只在打扫屋子时，洒一些雄黄酒来杀虫消毒。人们还把菖蒲 (calamus)、艾叶 (moxa) 挂在门上，燃烧苍术 (rhizome of Chinese atractylodes)、白芷 (root of Dahurian angelica)，用产生的烟雾辟邪，除掉瘴气 (miasma)。有的地方用大红纸剪成蜈蚣 (centipede)、蝎子 (scorpion)、壁虎 (house gecko)、蜘蛛 (spider)、毒蛇 (poisonous or venomous snake) 这五种有毒动物（称为五毒）的样子，贴在房子里，希望镇压住它们，使其不再横行。有些家长会给小孩子们戴上老虎形状的帽子，穿上五毒衣、五毒裤，配带各种颜色的香袋，有的还在孩子的脖子、手腕或脚上系上红、黄、蓝、白、黑五色丝线（这种五色丝线象征五色龙，叫“长命缕”）。人们希望孩子们穿戴这些物品可以保护他们避开毒祸、平平安安。

五、七夕节

七夕节在每年农历的七月初七，也有人把它叫作“乞巧节”或“女儿节”。这个节日和牛郎织女的传说连在一起，那是一个千古流传的、美丽的爱情故事。七夕节可以说是中国的情人节，是中国传统节日中最有浪漫色彩的一个节日。

1. 牛郎织女的传说

在晴朗的夏天夜晚，夜空中银河两边，各有一颗明亮的星星：一颗在东边，是织女星，旁边有四颗小星星，好像一台织布机；另一颗在西边，是牛郎星，它的前后各有一颗小星星，好像两个孩子。传说在每年七夕的夜晚，天上的织女和牛郎会在鹊桥相会。

传说在很早以前，有一个叫牛郎的小伙子，他的父母死得很早，他很小就开始一个人生活了。有一天，牛郎在一座山里看到一头病得很厉害的老牛，他治好了老牛的病。老牛告诉他，自己是天上的金牛星，被天帝赶到了人间。老牛病好后就跟牛郎回了家，还帮助牛郎干农活。有一天，老牛对牛郎说：“今天会有一群仙女来人间玩，她们会在附近的河里洗澡，你在她们中间找一个做妻子吧。”到了晚上，牛郎悄悄藏在河边，拿走了一件仙女的衣服。仙女们洗完澡一个个穿上衣服都飞回天上了，只有美丽的织女因为找不到衣服而走不了。正在她着急的时候，牛郎走出来把衣服还给了她，并请求她留下来和他一起生活。看到牛郎是一个善良诚实的人，织女答应了牛郎的请求，留下来做了他的妻子。他们结婚后生了一男一女两个孩子，生活非常幸福。织女把从天上带来的天蚕分给大家，还教大家如何养蚕、抽丝，如何织出又光又亮的丝绸。不久，天帝和王母娘娘知道了织女和牛郎在人间结婚的事，非常生气，就派人把织女抓了回去。老牛知道自己因为帮助了牛郎织女，一定会被天帝杀死，它流着泪对牛郎说：“我死后你可以用我的皮做成鞋，你穿着就可以上天。你快去追织女吧！”老牛死后，牛郎按它的话做，用箩筐 (large bamboo or wicker basket) 挑着他和织女的两个孩子飞到天上追织女。在他们快追到织女的时候，王母娘娘在他们中间变出了一条宽广的天河。牛郎飞不过去了，只好和织女在河的两岸对望，孩子们不停地叫着“妈妈”。天上的喜鹊 (magpie) 被他们一家人的真情感动了，就飞到一起给他们搭了一座鹊桥。牛郎拉着两个孩子从西边上桥，织女从东边上桥，一家人走到鹊桥的中间见面了。王母娘娘没办法，只好允许他们一家人在每年七月七日的时候到鹊桥相会。

后来，每到农历七月初七这个相传牛郎织女鹊桥相会的日子，姑娘们常会抬头望着星空，寻找银河两边的牛郎星和织女星，希望能看到牛郎织女一年一次的相会场面。姑娘们还请求上天能让自己像织女那样心灵手巧，希望自己能有一个美好的婚姻，这就是七夕节的由来。

2. 七夕乞巧

织女心灵手巧，她在人间生活的时候把自己织布的技术教给大家。每年的七夕节晚上，年轻的姑娘和少妇就会用水果、茶、点心、化妆用的花粉等当作供品祭拜，向织女乞巧，希望自己也能像织女那样心灵手巧，收获美好的爱情，过上幸福的生活。因此，人们又把七月初七叫作“女儿节”“乞巧节”。古代的乞巧活动有很多形式，还有吃巧食的风俗。巧食主要是瓜果和各种各样的面点。这天晚上，大家一边吃着巧食，一边望着遥远夜空中的牛郎星和织女星，一起度过这美好的夜晚。

六、中秋节

中秋节在农历的八月十五日，和春节、端午节、清明节一起被称为中国的四大传统节日。中国古代把农历每个季节的三个月分别叫作“孟”“仲”“季”。农历八月是秋季正中间的一个月，十五日又是这月中间的一天，所以八月十五被称为“仲秋”或“中秋”。农历每个月的十五日，月亮都是圆圆的满月，而农历八月正是秋季，中国大部分地区天气晴好，夜空通常比较明亮清透，此时的月亮显得非常明亮，八月十五的月亮常被人认为是一年中最大最圆的，由此也形成了中秋节祭月、赏月、吃月饼、全家团圆的风俗，也有不少美丽的传说。

如今中秋节是中国的法定节假日之一，一天法定假日加上周末两天，有三天的连休，有些人会利用这个“小长假”安排外出旅行，这也成了一种新的过节方式。

1. 祭月赏月

中秋祭月，是中国一种十分古老的习俗。从三千多年前的周代起，中国古代的帝王就有春分祭日、夏至祭地、秋分祭月、冬至祭天的习俗，祭祀的场所分别叫作日坛、地坛、月坛、天坛。北京的月坛就是明代和清代两个朝代的皇帝们祭月的地方。随着社会的发展，民间百姓受宫廷祭月的影响，也有了拜月的风俗。人们在中秋节这一天摆上月饼、西瓜、苹果、红枣、葡萄等食品，全家人拜祭月亮，祈求幸福团圆。

赏月的风俗来源于祭月。唐代时比较流行赏月，到了宋代，赏月活动更为盛行，那时开始定农历八月十五为中秋节。此后，中秋节这一天的晚上，人们有了在家里吃团圆饭、吃月饼、一起观赏美丽的月亮或是在外面的酒馆茶楼吃喝娱乐的习惯。

2. 团圆

中秋节也是“团圆节”，这一天，在外的人们要回家和家人团聚。中秋节时中国大部分地区气温不冷不热，天气以晴为主。天空晴朗的夜晚，月亮又大又圆。此时人们喜欢一家人坐在一起，吃吃月饼，聊聊闲天，赏赏圆月，共享天伦之乐。回不了家的人也会出门望月，借赏月寄托自己对家乡和亲人的思念之情。在中国的文化传统中，明月成了美好、团圆的象征，人们常常以“花好月圆”“海上生明月，天涯共此时”“月是故乡明”等词语和诗句体现人们追求家庭团圆的美好愿望。

3. 月饼

月饼最早出现在唐代，是祭月时的一种供品。后来中秋赏月与品尝月饼称为中秋节的重要活动。月饼也就成了中秋节时一定要吃的食品，而且也是中秋节时送给亲戚朋友表达美好祝愿的首选礼物。有的地方把月饼叫作“团圆饼”。月饼发展到今天，品种比以前增加了很多。中国各个地区月饼的风味不太一样，有甜有咸，有荤 (meat) 有素 (vegetables)，其中京式、苏式、广式等月饼比较有名。在中秋节的夜晚，除了月饼以外，人们还爱吃些西瓜、苹果等象征团圆的果品，希望家人生活美满、甜蜜、平安。

4. 关于中秋的民间传说

（1）嫦娥奔月

关于中秋节的故事，民间流传最广就是“嫦娥奔月”了。相传在遥远的古代，天上出现了十个太阳，这使大地上到处都是大火，给人们带来了灾难。天帝知道以后，派了一个叫后羿的勇士来到人间帮助人们。后羿用弓箭射下了九个太阳，只留下一个太阳。他还杀死了一些害人的怪兽，为人们做了很多好事。嫦娥是后羿的妻子，她长得非常美丽。嫦娥很爱后羿，但是她不喜欢人间的生活，一直想回到天上去。为了妻子嫦娥，后羿受了很多苦从昆仑山西王母那儿得到了一包不死药。这包药，一个人吃了可以飞到天上，两个人吃了可以在人间长生不老。后羿想和妻子嫦娥在人间长生不老，就把药带回家交给了嫦娥。可是嫦娥却很想再回到天上去。于是，当有一天后羿不在家的时候，她偷偷地把不死药全吃了，自己飞到了月亮上。从此，嫦娥一个人住在广寒宫里，陪伴她的只有一只每天捣药的小白兔和一只蟾蜍 (toad)。嫦娥时常思念她的丈夫，感到非常冷清孤独。人们一直认为，在遥望月亮时还能看到嫦娥寂寞的身影。

（2）吴刚伐桂

抬头仰望明月，可见月亮当中有些阴影，传说这就是吴刚在砍伐桂树。吴刚本来是一个樵夫 (woodman)，很喜欢学习仙道，有一次犯了错误，被天帝罚去月宫中砍伐桂树。月宫中的那棵桂树高达五百丈，而且这棵桂树还有一种神奇的力量，被砍了一个缺口后马上就能长好。所以不管吴刚怎么砍，都不能把桂树砍倒。吴刚只好一天又一天地在月宫中砍树，永远不能停下。

七、重阳节

中秋节过后没多久就到了重阳节，重阳节在农历九月初九。为什么叫“重阳”呢？中国古代以一、三、五、七、九代表阳数，二、四、六、八、十代表阴数，农历九月初九两个九重叠，就叫“重九”，而“九”又是阳数，也就叫“重阳”了。在春秋战国时期就有“过重阳”的习俗了，唐代时农历九月初九这一天被定为重阳节。庆祝重阳节的活动一般包括登高、观赏菊花(chrysanthemum)、插茱萸(cornel)、吃重阳糕、饮菊花酒等。

1. 重阳节的传说

在东汉的时候，汝河有个瘟魔(legendary evil god of plague)，只要它一出现，家家有人病倒，天天有人死去。有一个青年叫恒景，他的父母死在了瘟魔手上，他自己也病倒了，差点儿死去。病好后，恒景到处寻找仙人(immortal)，想要学艺，为人们除去瘟魔。他打听到在东方有一座最古老的山，山上有一个很有法力(supernatural power)的仙人，恒景经历很多艰辛终于找到了那位仙人，并拜他做老师，练出了一身好功夫。有一天仙人对恒景说：“明天是九月初九，瘟魔又要出来了，你功夫已经学成，应该回去为民除害了。”仙人送给恒景一包茱萸叶、一坛菊花酒，并告诉他使用的方法。仙人让恒景骑着仙鹤(white crane kept by immortals in Chinese mythology)赶回家去。恒景回到家乡，在九月初九的早晨，他把乡亲们带到了附近的一座山上，发给每人一片茱萸叶，一杯菊花酒，做好了准备。中午时瘟魔来了，但是它刚到山下，就闻到一阵阵茱萸叶的香气和菊花酒的味道，这些气味使它感到很难受。这时恒景拿着宝剑(rare, valuable double-edged sword)追下山来，很快就把瘟魔杀死了。从此以后，人们就不再受到瘟病的危害了。九月初九登高避疫的风俗就这样流传下来。

2. 敬老

“九”与“长久”的“久”谐音，九九重阳，谐音就是“久久”，包含有生命长久、健康长寿的意思。1989年，中国把每年农历九月九日的重阳节定为老人节，提倡全社会尊老、敬老、爱老、助老的风气，因此重阳节又多了一层新含义。

3. 登高

自古以来民间就有在重阳登高的风俗，重阳节又叫“登高节”。对登高的地方，没有统一的规定，一般是登高山、登高塔。登高在人们看来是可以避免灾祸的活动。

4. 插茱萸

茱萸是一种夏天开花、秋天结果的植物，也是一味很有功效的中药。重阳节这一天，人们把采下的茱萸枝叶插在头上，或者放进一个小布袋里带在身上，认为这样可以避难消灾。这个风俗从唐代开始就很流行。唐代诗人王维的《九月九日忆山东兄弟》一诗非常有名：“独在异乡为异客，每逢佳节倍思亲。遥知兄弟登高处，遍插茱萸少一人。”这首诗的意思是：“我一个人生活在远离故乡的地方，每到重阳佳节的时候就会更加思念自己的亲人。远方家乡的亲人朋友重阳节去登高，插茱萸的身影中少了我一人啊！”这首诗表达了诗人在重阳佳节时思念家乡和亲人的深情，非常动人。

5. 重阳糕

“重阳糕”是常见于江浙沪地区的一种重阳节食品。“糕”和“高”谐音，吃糕表示“步步登高”。重阳糕又称花糕、菊糕、五色糕，没有固定的做法，在重阳节吃的糕点都可以叫重阳糕。有的地方重阳糕要做成九层，像座宝塔 (pagoda)，上面还用面团捏两只小羊，“羊”和“阳”谐音，表达的是重阳的意思。

6. 赏菊饮酒

农历九月初九正是菊花盛开的时节，九月还有“菊月”之称。在这个时候，朋友相聚，观赏各种美丽的菊花，喝上几杯甜美的菊花酒，令人非常愉快。观赏菊花成了节日的一项重要内容。中国晋代有名的大诗人陶渊明就很爱菊花，写了很多关于菊花的诗歌，他诗歌中的菊花象征了正直的人品。此后各代的诗人也写了很多吟咏菊花的诗词歌赋，都表达了对菊花和它所象征的人品的赞美。菊花还可以制成菊花酒。菊花酒有药用，能治一些疾病，人们认为经常喝菊花酒能长寿，菊花酒自古有“长寿酒”之称。喝菊花酒也是重阳节重要的风俗。

八、腊八节

腊八节在农历十二月初八。为什么叫“腊八”呢？“腊”是古代一年年底的祭祀名，腊祭在农历十二月举行，这样十二月就叫“腊月”。本来腊祭的时间不固定，到了六朝时期就把腊祭的时间定在十二月八日，叫“腊八”。如果腊祭剩下的食物很多，不能马上吃完，就用盐腌制起来，以后慢慢吃，这些食物叫“腊味”。中国很多地方现在还习惯在冬天吃腊味，如腊肉、腊肠等食品。

腊八节这一天，人们会喝一种粥，就是腊八粥。中国各个地区煮腊八粥用的原料略有不同，通常会选取各种米（如糯米、粳米等）、各种豆（如红小豆、芸豆、大豆等）和各种干果（如红枣、花生、核桃等）来熬煮。腊八粥的用料通常不下八种，少的也有五六种，多的甚至有十几种。腊八粥不仅味美可口，而且对身体很有好处。

关于腊八粥的来历，说法不少，流传比较广的一种和佛教 (Buddhism) 有关。佛祖 (the Buddha) 释迦牟尼在成佛前出家修行时，有一次走到尼连河边，因为饥饿劳累昏倒在地。这时一位放牧的女子路过时看见了他，就把身上带着的一些杂粮，加上些野果，用水熬成粥，喂给释迦牟尼吃。释迦牟尼喝下此粥之后，恢复了体力和精神，跳进尼连河沐浴净身，然后在菩提树 (Bodhi tree) 下静坐沉思，终于在十二月初八这天得道成佛。以后，佛教徒把十二月初八作为佛祖得道的节日来纪念。佛教传入中国后，佛教寺院 (temple) 在每年十二月初八这天除了诵经 (Buddhist scripture) 纪念佛祖外，还熬腊八粥供奉佛祖，并且赠给信徒吃。现在，人们吃腊八粥预祝丰年，求得吉利，表达了人们追求幸福的美好愿望。

生词表 Words

1.	信仰	xìnyǎng	（动词）	believe
2.	沿袭	yánxí	（动词）	carry on as before, follow
3.	淡化	dànhuà	（动词）	be gradually forgotten
4.	丰盛	fēngshèng	（形容词）	sumptuous
5.	象征	xiàngzhēng	（动词）	symbolize
6.	含义	hányì	（名词）	implication
7.	长辈	zhǎngbèi	（名词）	member of an elder generation in a family, senior
8.	灾祸	zāihuò	（名词）	disaster
9.	邪祟	xiésuì	（名词）	evil
10.	剩余	shèngyú	（动词）	be left over
11.	图案	tú'àn	（名词）	pattern
12.	崇拜	chóngbài	（动词）	worship
13.	流亡	liúwáng	（动词）	go into exile
14.	赐	cì	（动词）	bestow, confer
15.	比喻	bǐyù	（动词）	compare ... to
16.	挽留	wǎnliú	（动词）	urge sb. to stay
17.	遭受	zāoshòu	（动词）	suffer from
18.	盛行	shèngxíng	（动词）	prevail, be popular
19.	流放	liúfàng	（动词）	send into exile
20.	镇压	zhènyā	（动词）	suppress, control
21.	心灵手巧	xīnlíng-shǒuqiǎo		clever and deft
22.	由来	yóulái	（名词）	origin
23.	技术	jìshù	（名词）	skill
24.	祈求	qíqiú	（动词）	pray for
25.	天伦之乐	tiānlún-zhīlè		family happiness
26.	寄托	jìtuō	（动词）	place (ideal, hope, feeling, etc.) on
27.	风味	fēngwèi	（名词）	peculiar flavour
28.	美满	měimǎn	（形容词）	perfectly satisfactory
29.	砍伐	kǎnfá	（动词）	fell (trees), cut down
30.	瘟病	wēnbìng	（名词）	epidemic disease, plague
31.	提倡	tíchàng	（动词）	advocate, encourage
32.	风气	fēngqì	（名词）	common practice

33.	功效	gōngxiào	(名词)	efficacy
34.	人品	rénpǐn	(名词)	moral quality
35.	吟咏	yínyǒng	(动词)	chant
36.	赋	fù	(动词)	compose (poetry)
37.	腌制	yānzhì	(动词)	pickle, cure
38.	沐浴	mùyù	(动词)	take a bath
39.	供奉	gòngfèng	(动词)	offer sacrifices to
40.	信徒	xìntú	(名词)	believer

思考题 Questions

1. 中国人过春节有什么传统习俗活动?
2. 端午节的起源是什么?
3. 中国人过中秋节有什么风俗习惯?
4. 说说“牛郎织女”和“嫦娥奔月”的故事。

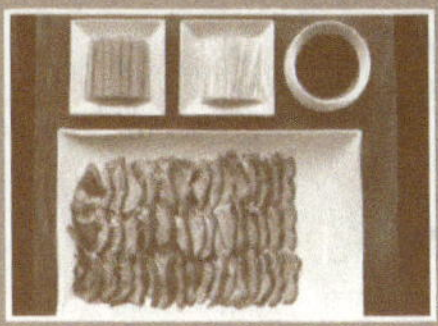

第二章 中国人的衣与食

第一节　近现代服饰

一、近代服饰

中国自1840年后逐渐受西方文化的影响，不少外国货物进入上海等沿海大城市的市场，其中包括各种服装面料如洋绸、花布、呢绒、羽纱等，品种应有尽有，价格便宜。而且西方服装制作技术也流行开来，促进了中国传统服饰的改变。

1911年，辛亥革命 (Revolution of 1911) 爆发，废除了帝制 (monarchy)，建立了中华民国。中华民国成立以后，清代的服饰制度大部分被废除。随着西方政治、经济和文化对中国影响的不断扩大，中西合璧的服饰或纯西式的服饰逐渐进入到中国人的生活中。传统服饰在那个时候发生了整体上的变化，长袍马褂 (long gowns and mandarin jackets) 和西服、中山装等，都是当时男子的流行服饰。女子则流行穿着上衣下裙，一直流行至今，但裙式不断简化。中山装和旗袍成为那时的经典服装。

中山装 (Chinese suit, or Sun Yat-sen suit) 是由孙中山先生创制并率先穿着的，因此称为"中山装"。中山装以广东便服 (everyday clothes) 为基础，综合了西式服装和中式服装的特点，曾被赋予了革命及立国的含义，以衣服的结构象征着"国之四维（礼、义、廉、耻）"和"三民主义" (Three Principles of the People i.e. Nationalism, Democracy and the People's livelihood, put forwarelby Dr Sun Yat-sen) 等等，如封闭的衣领显示了严谨治身的理念。中山装穿起来收腰挺胸，舒适自然，外观端正，线条分明，有庄重的美感。因为这种服装优点很多，外形美观大方，既可以使用高级衣料，也可以使用一般布料；既可以作为礼服，又可以作为日常服装，因此，很受当时人们的欢迎。又因为孙中山亲自设计之后，又亲自带头在各种场合穿着，所以人们将它称为“中山装”。穿中山装成为当时全国性的时尚。后来因为中国著名政治家毛泽东经常在公开场合穿着中山装，西方人习惯称中山装为“毛装”(Mao suit)。

旗袍 (qipao) 是民国时期的妇女时装，由满族 (Manchu ethnic group) 妇女的长袍演变而来。由于满族人被称为“旗人”，因此把它叫作“旗袍”。清代时，妇女服饰可以说是汉族和满族的风格都有。清代初期，满族妇女以长袍为主，而汉人妇女仍以上衣下裙为时尚。清代中后期，双方服饰的差别慢慢减小。到了20世纪20年代，旗袍结合了西洋服装和汉族服饰的特点，款式由烦琐变简洁，色调力求淡雅，注重体现女性的自然之美。这些变化，使得旗袍逐渐在广大妇女中流行起来。旗袍最初以马甲 (waistcoat) 的形式出现，马甲长至足背，加在短袄 (short coat) 上，后来将长马甲改成有袖的式样，也就成了新式旗袍的雏形。

20世纪三四十年代是旗袍的全盛期。这时出现的改良旗袍又在结构上借鉴西式裁剪方法，使袍身更为合体，其基本款型成为兼有中西服饰特色的近代中国女子的标准服装，以后的旗袍只是在长短、肥瘦及装饰上有一些变化而已。30年代的上海是中国时尚的中心。旗袍能很好地体现女性的曲线美，所以在上海滩很受人们欢迎。加入西式服装特点的海派旗袍，很快就从上海流行到中国各地，成为30年代旗袍的主流。

除海派旗袍外，旗袍的另一种风格是京派旗袍。海派旗袍款式新颖，京派旗袍则华贵大方，有官派作风。20世纪50年代到70年代，由于时代的原因，旗袍慢慢地不再流行。后来在八九十年代出现了一种以宣传和促销为目的的“制服旗袍”，多由礼仪小姐、迎宾小姐以及娱乐场合和宾馆餐厅的女性服务员穿着。这种旗袍样子都差不多，大多使用化纤 (chemical fibre) 仿真丝面料，色彩鲜艳，做工并不精致。

如今，街上穿旗袍的人少了，旗袍常常作为礼服出现在相对比较隆重的场合。旗袍是中国女性具有代表性的传统服装，能很好地表达出穿着者的气质风度，体现出东方女性独特的高贵典雅。20 世纪 90 年代以来，中外有不少设计大师以旗袍为灵感，推出了有国际风味的旗袍，有些就是中国旗袍与欧洲晚礼服相结合的产物。

二、现代服饰

从 1949 年开始，新中国的服饰潮流开始形成，从前被看作身份、地位象征的西装和刺绣旗袍不再流行，而能穿上中山装和列宁服的人才是人们羡慕的对象。

当时的服装除了原始的美化功能之外，还有表达政治倾向和意识形态的功能。具有布尔什维克 (Bolshevik) 革命意识的“娜塔莎式”大花布拉吉，“哥萨克式”小偏襟衬衫，灰卡其布列宁装，还有中山装、人民装一直是人们的首选。那时，全中国是一片蓝色的海洋，蓝色的卡其布深受男女老少的欢迎，但服装的款式非常单调，只有十几种。

列宁装的主要特点是西服领、双排扣、双襟中下方都带一个暗斜口袋。“做套列宁装，留着结婚穿”是当时年轻人的流行说法。尽管这种服饰比较中性化，但在当时可是最时髦的。

从前苏联传入的连衣裙“布拉吉”也很受妇女们的欢迎。“布拉吉”有宽松的短袖，褶皱的裙摆，简单的圆领，图案多为碎花、格子或条纹，腰际系一条布带。“布拉吉”是俄语“连衣裙”的译音，连衣裙是苏联女子的日常服装。后来，在中国将“布拉吉”又改称为“连衣裙”。

当时，人们可用在服装上的钱非常少，买布还要凭布票，同时社会上也提倡“新三年，旧三年，缝缝补补又三年”的着装风气，因此人们在着装上并不讲究。

20 世纪 60 年代，由于中苏关系的恶化，曾经流行的俄罗斯风格的列宁装、布拉吉几乎在一夜之间消失了，无论男女，蓝、灰为主的色调和肥大单一的款式成为那个时期中国服装的主要特点。随着 20 世纪 60 年代后期“文革”(Cultural Revolution) 开始，军服成了这一时期的时尚，中国真正进入了蓝、灰、绿的无彩色服装时代。当时的服装款式、色彩单一。人们不分男女、不分职业，都喜欢穿着军装。军装成为最时髦、最体现革命化的服装。能够拥有一套军装是那个年代无数年轻人的理想。*连当年的结婚服装都是绿军装，可见当时的军装有多么流行！*

"连……都"表示强调某一词或某一词组，有"甚至"的意思，也说"连……也"。例：①这个问题连小孩儿都懂。②他这几天工作太忙，连家也没回。

1966年至1976年整整十年的"文革"运动，使得70年代初期和中期的服装风格同60年代末期的一样，最流行穿着的还是草绿色军装。

此时，上海人发明了"假领子"。他们用零碎的布头制成"假领子"，也就是相当于衬衣少了袖子和胸部以下部分。这一项发明让老百姓有限的衣服行头可以翻出更多花色。后来假领子在其他一些城市也很流行。

当时的服装面料主要是"的确良"。这是一种化纤纺织品，比棉布更为轻薄，主要用于制作衬衫。

1974年已经流行穿大尖领子的衣服，1975年流行穿卡其喇叭裤。到了1976年岁末，随着社会局势的改变，人们的服饰也开始从单调统一向丰富多彩转变。

20世纪70年代末，中国服装风貌有了重大的改变，从单一走向了多元。当时正是中国改革开放之初，也是喇叭裤在欧美国家的流行接近尾声的时候，中国的年轻人几乎一夜之间就穿起了喇叭裤，这种风潮迅速传遍全中国。牛仔装也是此时传入中国的。穿着牛仔装的人数不断增加，从时髦青年到各阶层和各年龄段的人都有。

自1980年开始，中国进行改革开放后的20年中，中国服装出现了很多流行样式，踩蹬裤、牛仔裤、直筒裤、牛筋裤、喇叭裤、老板裤、萝卜裤、夹克衫、蝙蝠衫、皮大衣、西装、晚礼服、休闲装、喇叭裙、一步裙、A字裙，甚至超短裙、迷你裙，各种服装纷纷进入到中国人的日常生活中。

1990年以后，休闲装越来越受到人们的欢迎，此时人们更重视服装的功能性。以服装为主流的时尚已变得更多样化，渔网装、透明装、露脐装、缩手装、迷彩服、乞丐服、朋克服等服饰不断出现，牛仔装也有了更多的款式供人们选择。西方服装新概念慢慢被中国人接受，人们已能认识各种顶尖世界名牌，在购买服装时也越来越肯花钱，服装在其基本功能之外逐渐成为生活方式的表达和体现。

进入21世纪，人们对服装有了更多的选择，中国服装已经开始与世界服装接轨，与世界流行同步了。“港台风”“日式”“韩流”“米兰风”等相继流行，影响着中国的服饰风格。

同时，传统味道十足的中式服装，如中山装、旗袍、小立领的棉布或麻布衬衫，带团花或寿字图案的丝棉袄，大红色的中式坎肩 (sleeveless jacket) 等等，都在中国人的生活中占有一席之地。其中，除了改良后的旗袍外，唐装也掀起了一阵热潮，体现出人们浓浓的怀旧情绪。2001年在上海举行的APEC会议上，中国作为东道主请前来参会的亚洲及太平洋经济体的领导人穿着唐装，这一情景通过电视屏幕瞬间传遍全球，“祥和喜庆”的唐装因此迅速流行。唐装原意指唐代的汉服，是一种传统的襦裙装，沿袭了东汉以来妇女传统的上衣下裳制，与现代的唐装概念明显不同。现代的“唐装”一词源于海外。唐代是中国历史上非常有名的强盛朝代，以后海外各国就称中国人为“唐人”。在海外的华人居住区，也被称为“唐人街”。现在流行的唐装是由清末的旗袍马褂变化而来的，与“唐代的服装”在风格、款式上面并没有什么相似之处。

生词表 Words

1.	应有尽有	yīngyǒu-jìnyǒu		have everything that one could wish for
2.	爆发	bàofā	（动词）	break out
3.	废除	fèichú	（动词）	abolish
4.	中西合璧	zhōngxī hébì		Chinese and Western styles combined
5.	简化	jiǎnhuà	（动词）	simplify
6.	率先	shuàixiān	（副词）	be the first to do sth.
7.	赋予	fùyǔ	（动词）	bestow
8.	严谨	yánjǐn	（形容词）	careful and precise, strict
9.	庄重	zhuāngzhòng	（形容词）	serious, grave
10.	烦琐	fánsuǒ	（形容词）	over elaborate, complicated
11.	淡雅	dànyǎ	（形容词）	simple but elegant

12.	雏形	chúxíng	（名词）	embryonic form
13.	改良	gǎiliáng	（动词）	improve
14.	借鉴	jièjiàn	（动词）	use as a reference
15.	裁剪	cáijiǎn	（动词）	cut out
16.	主流	zhǔliú	（名词）	main trend, mainstream
17.	宣传	xuānchuán	（动词）	publicise, disseminate
18.	促销	cùxiāo	（动词）	promote sales
19.	制服	zhìfú	（名词）	uniform
20.	精致	jīngzhì	（形容词）	delicate
21.	高贵	gāoguì	（形容词）	exalted, noble
22.	典雅	diǎnyǎ	（形容词）	elegant
23.	灵感	línggǎn	（名词）	inspiration
24.	产物	chǎnwù	（名词）	outcome, result
25.	潮流	cháoliú	（名词）	trend
26.	功能	gōngnéng	（名词）	function
27.	意识	yìshi	（名词）	awareness
28.	单调	dāndiào	（形容词）	lacking in variety, monotonous
29.	恶化	èhuà	（动词）	deteriorate
30.	行头	xíngtou	（名词）	clothing (implying humour)
31.	局势	júshì	（名词）	situation
32.	风貌	fēngmào	（名词）	style and features
33.	接轨	jiēguǐ	（动词）	keep ... in line with
34.	相继	xiāngjì	（副词）	in succession
35.	一席之地	yìxízhīdì		a proper place or a niche
36.	热潮	rècháo	（名词）	upsurge
37.	怀旧	huáijiù	（动词）	feel nostalgic

思考题 Questions

1. 中山装有什么特点？
2. 旗袍有什么特点？
3. 唐装有什么特点？
4. 1950 年以后，中国服装有什么发展变化？

第二节　菜系与食俗

在汉语中，做菜也叫“烹调”或“烹饪”，“烹”字下边的四个点表示“火”，意思是把生的东西煮熟，而“调”的意思是用各种调料、方法把食物做得好吃、好看。中国菜的烹调方式很多，主要有炒、炸、煎、爆、煮、烩、蒸、涮、炖、卤、煨、焖、熘、烧、烤、熏、拌、腌、炝、燥等几十种方式。中国菜不是由统一的、科学的量化标准来制作的，用料、步骤相同的同一个菜，不同的人做出来味道也会不一样。由于人们对这门技艺的把握不同，形成了中国菜风味万种的特色。中国的儒家 (Confucianism) 在饮食文化上的追求是“食不厌精，脍不厌细”，意思是食物越精细越好，烹调越精细越好。

中国烹调的历史悠久：早在夏、商、周时期，中国已经具有了一定的烹调技艺；到了秦、汉、魏晋南北朝时期，烹调技艺已有了相当的水平；再到隋、唐、宋时期，烹调技艺进入高级阶段；而到元、明、清时期直到近代、当代，烹调技艺更成熟，更完美。不仅汉民族的烹调技艺在发展，各少数民族也在发展着自己独特的饮食习俗，各民族相互影响，构成中华民族丰富、深厚的饮食文化。

制作、品尝中国菜的过程就是体验中国食文化的过程。中国古人曾经说过“民以食为天”，意思是老百姓认为饮食是最重要的事。中国历史悠久，地大物博，“食”的文化非常深厚，中国菜的做法、风味众多，不仅追求色香味俱全，“食”的礼仪也很讲究。

一、中国菜的菜系

一般来说，中国菜可以分为八大菜系，分别是鲁菜、川菜、粤菜、苏菜、湘菜、闽菜、浙菜、徽菜，每个菜系受当地气候、地理、资源、饮食习惯的影响，形成了自己独特的烹调特色。

1. 鲁菜

鲁菜可以说是北方菜的代表，是中国八大菜系中唯一的自发型菜系，在明清时期成为宫廷菜的主体。鲁菜主要由济南菜、胶东菜和孔府菜三种不同风味组成，济南菜讲究味纯、鲜香，胶东菜善于烹调海鲜，孔府菜由家常菜和筵席菜组成。鲁菜取材广泛，选料精细，烹调方法全面，尤其喜欢用爆的方法，精于制汤，善于用葱、姜调味，注重实惠。代表菜有葱烧海参、糖醋鲤鱼、德州扒鸡、清汤燕菜、油爆双花、红烧海螺、炸蛎黄等。

2. 川菜

四川被称为“天府之国”，川菜自古就有“食在中国，味在四川”的美誉。川菜选材广泛、调味多样，菜式适应性强。“川菜”常采用辣椒、胡椒、花椒、豆瓣酱等多种调味品，具有“一菜一格，百菜百味”的特点，烹调方法喜欢用炒、烧、蒸、干煸、烤等。川菜由筵席菜、大众便餐菜、家常菜、三蒸九扣菜、风味小吃等五个大类组成一个完整的风味体系，代表菜有鱼香肉丝、宫保鸡丁、回锅肉、麻婆豆腐、干煸牛肉丝、干烧岩鲤、怪味鸡等；有名的小吃有夫妻肺片、灯影牛肉、担担面、赖汤圆、龙抄手、酸辣豆花、珍珠丸子等。

3. 粤菜

粤菜由广州菜、潮州菜、东江菜组成，而以广州菜为代表。粤菜选料非常广，奇而且杂，烹调方法很多，以炒、煎、焖、炸、煲、炖、扣为主。粤菜调料独特，常见的有蚝油、鱼露、珠油、糖醋、西汁等。除讲究原料新鲜、现宰现烹外，粤菜还讲究在火候上保持原料清鲜，菜肴讲究鲜爽滑嫩，夏秋清淡，冬春浓郁，代表菜有白切鸡、脆皮乳猪、梅菜扣肉、油包鲜虾仁、蚝油牛肉、挂炉烧鸭等。粤菜的特点还离不开广东饮茶，它实际也是变相的吃饭，离不开茶、点心、粥、粉、面，还有一些小菜。在广州，各酒楼、酒店、茶楼都有早、午、晚茶，饮茶也就与谈生意、听消息、会朋友联系在一起了。粤菜中的广式茶点品种繁多，造型精美，味道可口，很有特色，代表菜有虾饺、肠粉、烧卖、蛋挞、糯米鸡、叉烧包、马蹄糕、鱼片粥、排骨、肚片、牛肉丸等。

4. 苏菜

苏菜也叫淮扬菜，是淮安、扬州、镇江三地风味菜的总称。苏菜菜系形成于明代，到清代时期十分盛行。苏菜选料严格，原料以鲜活为主，讲究用刀技法，菜肴形态美观，注重原味，清淡适口，讲究火的运用，擅长炖、焖、烧、煮，代表菜有清炖蟹粉狮子头、煮干丝、三套鸭、水晶肴肉、松鼠鳜鱼、盐水鸭、叫花子鸡、芙蓉鸡片、清蒸鲥鱼等。

5. 浙菜

浙菜主要包括杭州、宁波、绍兴、温州等地方的菜式，选料讲究“细、特、鲜、嫩”，烹调技法丰富，擅长炒、炸、烩、熘、蒸、烧，口味注重清鲜脆嫩，保持原料的本色和真味，菜品形态讲究，精巧细腻，清秀雅丽。浙菜代表菜有西湖醋鱼、东坡肉、荷叶粉蒸肉、西湖莼菜汤、龙井虾仁、宋嫂鱼羹、虎跑素火腿、清汤越鸡、干菜焖肉、叫化童鸡、香酥焖肉、油焖春笋、虾爆鳝背、冰糖甲鱼等。有名的小吃有杭州的麻心汤团、西湖藕粥、桂花藕粉，嘉兴的肉粽、糖年糕、蟹粉包子，宁波的八宝饭、鲜肉馄饨、汤团，绍兴的五香豆腐干、松糕等。

6. 湘菜

湘菜制作精细，用料广泛，口味多变，品种繁多，菜肴油重色浓，在品味上注重酸辣、香鲜、软嫩。湘菜在烹调方法上以煨、炖、腊、蒸、炒为主，代表菜有东安子鸡、红煨鱼翅、腊味合蒸、油辣冬笋尖、板栗烧菜心、五元神仙鸡等。

7. 徽菜

徽菜由皖南、沿江和沿淮三种地方风味构成。徽菜讲究火功，烹调方法以烧、焖、炖为主，重油重色，味道醇厚，保持原汁原味，还以烹制山珍海味闻名。徽菜代表菜有火腿炖甲鱼、清蒸石鸡、奶汁肥王鱼、符离集烧鸡、毛峰熏鲥鱼、徽州毛豆腐等。

8. 闽菜

闽菜包括福州、闽南、闽西三个流派，多以海鲜、山珍为原料，烹调方法以炒、熘、煎、煨、糟为主，尤其以“糟”最有特色，重视汤菜，菜肴特点是色彩美观，滋味清鲜。闽菜代表菜有佛跳墙、醉糟鸡、太极明虾、荔枝肉、白雪鸡、闽生果，醉排骨、红糟鱼排等；特色小吃主要有福州的清明果、绿豆果、全真鱼丸、燕皮，厦门的庆兰馅饼、鱼皮花生、香菇肉酱罐头、花生酥，泉州的肉粽、深沪水丸、元宵丸、石狮甜果、安海橘红糕、清真牛肉锅贴，漳州的手抓面、五香卷，龙岩的白斩河田鸡、盐酥花生、涮九品等。

随着饮食业的发展，除了八大菜系以外，中国还出现了一些较有影响的菜系。如：

1. 京菜

京菜就是北京菜。北京有着都城的特殊地位，不断地吸收各地的饮食精华。北京菜由具北京风味的山东菜、清真 (Muslim) 菜和宫廷 (imperial court) 菜三种风味的菜肴组成，形成的历史并不久远，但在全中国乃至世界各地都有广泛的影响。北京菜的基本特点是：选料讲究，刀工精湛，调味多变，讲究时令，注重佐膳。北京菜的烹调方法很多，以爆、烤、涮、炸、烧、炒、焖、酱、拔丝为主，口味浓郁酥烂，也讲究酥脆鲜嫩，清鲜爽口，并且要求做到色、香、味、形、器五方面俱佳。京菜代表菜有北京烤鸭、烤肉、涮羊肉、白煮肉、酱爆鸡丁、油爆肚仁、糟溜三白、黄焖鱼翅以及满汉全席等，其中北京烤鸭以便宜坊和全聚德两家名气最大，便宜坊经营焖炉烤鸭，全聚德经营挂炉烤鸭，涮羊肉以东来顺饭馆最为有名。北京小吃比较著名的有艾窝窝、炸酱面、褡裢火烧、糖葫芦、豌豆黄、驴打滚、豆汁、炒肝、爆肚、卤煮火烧、炸糕、灌肠、酸梅汤等。

2. 沪菜

沪菜也就是上海菜，以上海地区传统菜肴为主，吸收西方菜肴风味特点而成，选料注重活、生、鲜，烹调方法以红烧、生煸和煨法为多，调味擅长咸、甜、糟、酸，爱用浓油赤酱。沪菜汤卤醇厚，注重原味，咸淡适口。沪菜代表菜有红烧蛔鱼、生煸草头、椒盐蹄膀、五味鸡腿、双包鸭片、卤糟猪脚、肉丝黄豆汤、蜜枣扒山药、口蘑锅巴汤、炒毛蟹等；有名的小吃有生煎馒头、南翔小笼包、三鲜小馄饨、油豆腐线粉汤、开洋葱油拌面、蟹壳黄、排骨年糕、素菜包等。

3. 素菜

素菜是用植物类、菌类食物为原料制成的菜肴。素菜的特点是：时鲜为主，清爽素净；花色繁多，制作考究；富含营养，对健康很有好处。中国的素菜历史很长，产生于春秋战国时期，当时主要用于祭祀和重大的典礼等活动。到了魏晋南北朝时期，随着佛教的传入，"吃素"理论逐渐形成，对素菜的发展起到了极大的推动作用。从此，素菜就成为一个特别的菜系，是丰富多彩的中国食文化的一个重要组成部分。

素菜主要以绿叶菜、果品、菇类、菌类、植物油为原料，味道鲜美，富有营养，容易消化，有利于人体健康。中国素菜发展到现在，品种已达八千多种。中国素菜主要分为寺院道观 (Taoist temple) 素菜、宫廷素菜和民间素菜等几种。寺院道观素菜是指佛家、道家弟子烹饪的菜肴；宫廷素菜是由御厨 (imperial chef) 制作、供帝王斋戒时享用的菜肴；民间素菜是在民间素菜馆和百姓人家中烹制的菜肴。

二、饮食方式

1. 饮食习惯

中国人的饮食习惯，南、北方有些差异：北方人多以面为主食，爱吃馒头、包子、饺子、面条等；南方人多以大米为主食，爱吃米饭、粥、米粉等。口味上有"南甜北咸东辣西酸"的说法。其中："南甜"指的是以苏菜为代表的菜肴的口味偏甜；"北咸"指的是以鲁菜为代表的菜肴口味偏咸；"东辣"指的是川菜及湘菜为代表的辣口味；"西酸"主要指黄土高原、云贵高原及其周边地区喜吃酸性食物，最有代表性的是山西，山西人爱吃醋是很有名的。由于人口流动，现在各地在饮食习惯上的差异在慢慢缩小。

中国人的用餐形式不同于西餐的分餐形式，是以聚餐形式为主的。中国人的餐桌上是把菜肴装在盘碟中放在桌子中间，大家选择自己喜欢的菜肴夹到自己的碗里来吃。放在桌子中间的菜肴，是吃饭的一桌人欣赏、品尝、评论的共同对象，大家相互敬酒、让菜、劝菜，充满着愉快的气氛，体现着相互尊重、礼让的美德。这是中国人重视家族家庭观念在饮食形式上的反映。虽然从卫生的角度看，聚餐的形式有不足之处，不过它符合中国人追求“大团圆”的民族心态，便于人们的情感交流，因此从古至今也一直是中国人进餐的主要形式。现在受西方人分餐形式的影响，同时随着人们卫生意识的提高，在一些餐厅，尤其是一些较高档的餐厅，在盛放着每道菜肴的餐盘上都会摆放一副公用的筷子或一把公用的餐匙，以便大家取用，这样既保持了中国人聚餐形式的传统，又有了卫生的保证，可以说是一举两得。

2. 餐具

中国传统的餐具以瓷器、陶器为主，也有一定数量的餐具用木、竹、玉、金属等制成。最有中国特色的餐具是筷子。筷子是中国人发明的，到现在有三千多年历史了。筷子在先秦时期叫“箸”，隋唐以后，人们认为“箸”与“住”谐音，“住”的意思是停止不前，不太吉利，就把“箸”叫作“快子”，宋代以后，改“快”为“筷”，就是现在所称的“筷子”。筷子是两根简单的小细棒，夹取菜肴很方便，而且价格便宜。人们还认为，常常使用筷子活动手指会让人更加聪明。

3. 宴饮习俗

主人也叫“东道主”，意思就是请客的人。主人在请客之前几天要先邀请客人。作为客人，赴宴时要穿戴整齐，准时赴约。

宾主入座时，座次的安排是整个中国食礼中重要的一项。中餐的席位安排有上首（上位）和下首（下位）之分，上首就是首席，首席是面朝大门的座位，经常是主人坐首席，右手主客，左手副客。一般是主客坐下后，其他客人再坐下，最后是主人坐下。如果没有长辈、领导等主客，就由女士优先入座。在平时同事、朋友的聚餐或工作餐时，就不必太讲究座次的礼仪了，可以根据当时的实际情况来就座，一般是请客的人礼让其他人坐较好的座位就行了。

一般来说，入座后主人会请在座的客人点菜，可以由长辈、领导来点菜，也可以让女士来点菜，或是在座的人每人点一道菜。人们点菜时一般会问问在座的人有没有忌口的菜，也就是有没有不能吃、吃不惯或不喜欢的菜。点完菜肴后再点主食。

在等待上菜时可以喝茶。一般由主人或服务员来倒茶。主人倒茶时，要先为别人倒，最后为自己倒。倒茶不能倒满，一般倒八分满就可以了。喝茶时得慢慢细品，不能大口大口地喝。

中餐的上菜顺序一般是先凉菜后热菜，然后是主食和点心。进餐时，每当上来一个新菜，都要请重要的客人或长者先吃，之后大家就可随意取食了。

用餐完毕需要结账，也叫买单，一般是在用餐完毕离开前请客的主人向服务员提出，服务员会将账单送到桌上。结账可以使用现金、银行卡、信用卡，随着电子商务的发展，现在很多餐馆可以使用手机上的微信或支付宝来支付餐费。有时人们聚餐最后是各付各的账，这就是AA制，英文叫“go Dutch”。在中国，餐厅服务员一般不收小费，人们习惯就餐时消费多少钱就付多少钱，这一点和很多欧美国家的习俗不同。

4. 饮食养生

中国饮食文化除了讲求食物的色、香、味、形外，还讲求以饮食来养生。中国人常说“药补不如食补”，意思是用药来补养身体还比不上用食物来补养身体。中国传统养生之道，特别注重饮食。中国人很早就对各种食材的特性、搭配，不同季节的饮食等方面有深入的了解和研究。

食物的寒热适中是饮食养生的重要原则。中医认为我们吃的食物都有寒、热、温、凉、平五性，饮食要看食物的属性和身体需要，不能太过，也不能不及。食物的搭配也要注意，如吃虾、螃蟹等海鲜时，常要同时吃姜、葱、酒等调料，因为虾蟹的特性是寒凉的，需要用姜、葱、酒等温性的调料来防止太过寒凉，否则可能就会伤胃。

除了药品，中医也一直使用食品进行养生保健。我们常吃的红枣、核桃、大蒜、姜、莲子、木耳等食物，都有保健作用。如刚受凉感冒，可以马上喝一碗红糖姜汤；经常咳嗽，可以吃百合冰糖梨水……在不同的时节，针对不同的身体状况，用不同的食品，可以起到防病祛病的作用。还有很多菜肴中会加入中药材，以达到饮食养生的目的，如粤菜中很多种汤煲都是根据季节、食物的特性进行搭配，并在食材中添加不同的中药材制作而成的，既美味可口，又营养健康。

此外，中国人还认为，饮食上要注意食物搭配均衡，不能偏食；饮食应清淡，不吃太油腻的食物；注意食量，不能太饱或太饿，吃八分饱为宜等等。可以说，中国人的饮食习惯是非常科学的，中国的饮食文化可以体现出中华文化处处讲求天人合一的一贯传统。

生词表 Words

1.	烹调	pēngtiáo	（动词）	cook dishes
2.	烹饪	pēngrèn	（动词）	cook dishes
3.	量化	liànghuà	（动词）	quantify
4.	深厚	shēnhòu	（形容词）	profound, deep
5.	体验	tǐyàn	（动词）	experience
6.	主体	zhǔtǐ	（名词）	main body, main part
7.	筵席	yánxí	（名词）	banquet
8.	实惠	shíhuì	（名词）	real benefit
9.	美誉	měiyù	（名词）	good reputation
9.	采用	cǎiyòng	（动词）	adopt
11.	体系	tǐxì	（名词）	system
12.	清淡	qīngdàn	（形容词）	（of colour, smell）light
13.	浓郁	nóngyù	（形容词）	(of flavour) strong
14.	变相	biànxiàng	（形容词）	in another form
15.	造型	zàoxíng	（名词）	model, shape
16.	细腻	xìnì	（形容词）	delicate
17.	醇厚	chúnhòu	（形容词）	(of taste) pleasantly strong
18.	烹制	pēngzhì	（动词）	cook
19.	精华	jīnghuá	（名词）	essence
20.	精湛	jīngzhàn	（形容词）	consummate
21.	时令	shílìng	（名词）	season
22.	考究	kǎojiu	（形容词）	exquisite
23.	斋戒	zhāijiè	（动词）	abstain from meat, wine, etc., to show one's piety

24.	礼让	lǐràng	（动词）	give priority to a person out of courtesy or consideration
25.	家族	jiāzú	（名词）	clan, family
26.	心态	xīntài	（名词）	mentality
27.	一举两得	yìjǔ-liǎngdé		serve two purposes at once
28.	忌口	jìkǒu	（动词）	avoid certain foods
29.	讲求	jiǎngqiú	（动词）	pay attention to, stress
30.	养生	yǎngshēng	（动词）	keep in good health
31.	补养	bǔyǎng	（动词）	take a tonic or nourishing food to build up one's health
32.	属性	shǔxìng	（名词）	property
33.	保健	bǎojiàn	（动词）	maintain good health
34.	针对	zhēnduì	（动词）	be aimed at, target
35.	祛病	qū bìng		dispel illness
36.	均衡	jūnhéng	（形容词）	balanced

思考题 Questions

1. 中国菜有哪些菜系？
2. 在中国有什么宴饮习俗？
3. 谈谈你对饮食养生的理解。
4. 中国菜和你们国家的菜有什么不同特点？

第三节 茶与茶俗

茶是世界三大无酒精饮料（茶、咖啡、可可）之一，是中国人的主要日常饮料。中国是世界上最早发现茶树和利用茶树的国家。茶从发现到现在，已经有数千年的历史，茶文化是中国文化的一个重要的组成部分。中国古代就有“茶道”一词，是指品茶达到了一个艺术自由的境界。“茶艺”仅指技术的层面，而“茶道”不只是重视外在的形式，更注重内在的精神，注重文化气质，更能体现中华传统文化重“道”的精神追求。

一、茶的历史

传说茶是神农发现的。神农是中国远古时代的一位帝王，后来称他为炎帝。他为了找出对人类有益的植物，尝遍百草。有一次他中了毒，在吃了茶叶后才解毒。这个传说表明人们认识茶是从茶具有药用功能开始的。远古时代，人们把茶作为一种治病的药物，煎煮成汤汁饮用，后来发现茶还是一种很好的饮料，于是就开始种茶、制茶和饮茶。

中国人饮茶从春秋战国时期开始，秦汉时期已经比较流行。到三国时期，文人们讲究“以茶会友”，饮茶方式从用生茶叶煮水发展到把做好的茶饼 (brick tea) 打碎后煎煮。

隋唐时期，茶已经成为日常饮料。到了唐代，饮茶方式更讲究，饮茶作为一种艺术活动得到更大的发展。这一时期产生了世界上第一部关于茶的学术著作——陆羽的《茶经》，这本书系统介绍了唐代及以前的制茶、煎茶、饮茶的方法。

到了宋代，茶已成为中国人的生活必需品，成为老百姓常说的“开门七件事，柴米油盐酱醋茶”之一，各地还出现很多茶馆。

元代时招待客人流行饮茶并伴茶点和茶食。这一时期，饮茶习惯在西北少数民族中间得到进一步普及。

明代，茶叶的加工方式有了很大改进，成品茶 (finished tea) 由唐代的饼茶

(birck tea)、宋代的团茶 (tea ball) 改为炒青条形散茶 (loose tea)。人们饮茶时直接把散茶放进壶中或杯中，用沸水冲泡，这样不仅使饮茶变得简便，而且还保留了茶的清香味。

清代以后，茶更是在中国人的日常生活中占有非常重要的地位。各个阶层、各种事务都离不开茶。饮茶的方式也更多样化，茶甚至成了中国的“国饮”。

二、茶叶

中国是世界上茶叶品种最多的国家。茶叶种类可分为六大类，分别是绿茶、红茶、乌龙茶（青茶）、白茶、黄茶和黑茶。

1. 绿茶

绿茶是最早出现的加工茶，指采摘茶树新叶，未经发酵 (ferment)，经杀青 (bake)、揉拧 (knead and twist)、干燥 (dry) 等工艺后制成的茶。绿茶的色泽和冲泡后的茶汤较多地保存了鲜茶叶的绿色。绿茶是中国产量最多、饮用最为广泛的一种茶，它的特点是汤清叶绿。较其他种类茶叶，绿茶更多地保留了鲜茶叶内的天然物质。中国茶叶中绿茶名品最多，如西湖龙井、洞庭碧螺春、黄山毛峰、庐山云雾、信阳毛尖、六安瓜片、太平猴魁、峨眉竹叶青、蒙顶甘露等都是有名的绿茶。

2. 红茶

红茶属于全发酵茶，是以茶树的一芽二三叶为原料，经过萎凋 (wither)、揉捻 (knead and twist)、发酵、干燥等工艺制成的。因为干茶色泽和冲泡的茶汤以红色为主调，所以叫红茶。中国红茶种类较多，主要品种有工夫红茶、小种红茶和红碎茶；产地较广，安徽的祁红、福建的闽红、湖北的宜红、四川的川红、云南的滇红等都是有名的红茶，其中以祁门红茶最为著名。

3. 乌龙茶

乌龙茶又叫“青茶”，是半发酵茶。乌龙茶是中国特有的茶类之一，主要产在福建、广东、台湾等地。乌龙茶既有红茶的浓鲜味，又有绿茶的清芬香味，品尝后回味甘鲜。乌龙茶还有减肥健美的作用，在日本被称为“美容茶”“健美茶”。有名的乌龙茶有武夷岩茶、铁罗汉、大红袍、铁观音、冻顶乌龙、凤凰水仙、罗汉沉香等。

4. 白茶

白茶是茶类中的珍品，是微发酵茶，因茶叶披满白色的茸毛 (fine hair)，所以叫“白茶”，产在福建的一些地区，其他地区不多见。白茶汤色黄绿清澈，滋味清淡，有清热退火的功效。有名的品种有白毫银针、白牡丹、贡眉、寿眉及新白茶等。

5. 黄茶

黄茶是轻发酵茶，它的制作与绿茶十分相似，不同之处是多了一道闷黄工序，有“黄叶黄汤”的特点。有名的黄茶有君山银针、霍山黄芽、蒙顶黄芽、广东大叶青、鹿苑毛尖等。

6. 黑茶

黑茶是后发酵茶，是中国特有的茶类之一，茶叶的色泽为黑褐色，茶汤味道比较浓郁，有减脂降压等作用。有名的黑茶有云南普洱茶、四川边茶、广西六堡散茶、湖南黑茶、湖北老黑茶、陕西茯茶等。

三、茶俗

1. 以茶待客

以茶待客是中国人普遍的招待客人的习俗。主人端上好茶招待客人，是对客人的礼貌和尊重。在中国古代，家中有客人来时，主人请客人坐下，然后把茶献给客人，客人喝茶时，先把茶杯或茶碗举到胸前，向主人和在座者表示敬意后再慢慢品饮。现代社会虽然对古代的礼仪简化了很多，但以茶待客的传统一直还在，就连公司、企业、学校等单位在招待客人时也会以茶待客。很多单位在新年时常举行茶话会，共同庆祝新年的到来；在很多饭店、饭馆，服务员带客人入座后会先给每位客人斟上一杯茶表示欢迎。可以说，在中国，茶是礼敬、友谊的象征。

2. 茶与婚俗

茶在婚俗文化中有不少象征意义。中国人认为，茶的品行洁净，象征男女纯洁的爱情；茶树不宜移栽，又称“不迁”，表示爱情的忠贞坚定；茶多籽，中国人喜欢多子多福，茶也就成了子孙繁盛、家庭幸福的象征。

茶除了在婚俗中具有象征意义外，还是婚俗礼仪的组成部分。订婚时，男方要给女家送彩礼，在南方称为“下茶礼”。江南婚俗中有“三茶礼”，就是从订婚到结婚的三道礼节：订婚时是“下茶礼”，结婚时是“定茶礼”，同房时是“合茶礼”。婚礼中也多有献茶的礼节，客人坐下后，新娘新郎要端茶向长辈行拜见礼，长辈喝了茶后拿出红包放在茶盘上。有的地方，新郎新娘要喝“合枕茶”，就是在新娘入洞房后，新郎双手递上一杯茶，请新娘先喝一口，自己再喝一口，表示完成了人生大礼。中国各地婚俗多种多样，茶常在其中担任重要的角色。

3. 丧礼、祭礼中的茶

丧葬中用茶在中国有很长的历史。人们认为人死后去往阴间 (netherworld) 时会被灌迷魂汤 (magic potion which makes a man lose his nature)，而茶能使人清醒，所以在丧葬中用茶作为祭品，把茶作为随葬品。茶还用在祭礼中。用茶作祭，一般有三种方式：在茶碗中注入茶水，以茶水为祭；放置干茶，以干茶为祭；放置茶壶作为象征，以茶壶为祭。茶作为祭祀的物品，可祭天、祭地、祭祖、祭佛。上至皇室贵族下至平民百姓，无论是汉族，还是少数民族，都在较大程度上保留着以茶祭祀祖宗神灵的习俗。比如过去汉族就有这样的习惯，在自家祠堂 (memorial hall for ancestors) 中拜祭祖先时，祭器中就有茶瓶、茶盏，祭祀时家长给神位斟酒，主妇给神位斟茶。

4. 茶馆

茶馆，又叫茶楼、茶坊、茶社、茶室、茶肆、茶居、茶寮、茶亭等。人们可以在茶馆喝茶、交谈、休闲、做生意等，可以说茶馆是一个小社会。在中国的东晋时期开始有了茶馆的雏形，唐代是茶馆的正式形成期，之后茶馆成为商业、集体性质的公众场所。直到现在，茶馆都是城市社会市民日常生活的一个重要活动场所。

（1）北京茶馆

北京比较有名的是大茶馆。大茶馆是一种多功能的饮茶场所。在大茶馆里，可以饮茶，可以品尝美食，这里是供生意人聚会、文人交流、一般市民打交道的好地方。从老舍先生的名著《茶馆》中的茶馆就可看到当时大茶馆的景象。现在北京前门的“老舍茶馆”就是一个大茶馆。大茶馆的布置讲究，茶具卫生，一般用盖碗，人们喝茶时先用碗盖拨茶，喝的时候用碗盖挡住嘴巴，以表示礼貌。大茶馆集饮茶、吃食、社交、娱乐为一体，规模和影响都比较大。

“集……为一体”意思是某事物具有、体现了多种事物的特点和功能。
例：①这部电影集爱情、战争、历史为一体，很受人们欢迎。
②她的性格集热情、善良、大方为一体。

（2）四川茶馆

茶馆在四川是一种文化，也是一种生活。四川是中国最古老的产茶胜地之一，四川人饮茶的风气在中国是有名的。自古以来，四川人便养成了喜好饮茶的习惯，有一句俗语说：四川“头上晴天少，眼前茶馆多”。现在，四川省会成都大大小小的茶馆不下千家，数量之多，算得上中国第一。人们可以在茶馆摆龙门阵（四川话“摆龙门阵”就是进行聊天、谈天说地的意思，谈天人通过交流而获得各种各样的信息），还可以打麻将、打牌、下棋、赏花、赛鸟、读书看报，以及唱卡拉OK、看录像节目等，内容越来越丰富。有些茶馆还有川剧、评书等演出活动，坐在茶馆里的人可以边饮茶，边欣赏具有地方特色的曲艺节目。

“算得上”意思是可以说是。
例：①她算得上我最好的朋友了。
②汉语算得上一门非常难学的语言。

（3）广东茶楼

在广东，人们自古以来就很喜欢饮茶，他们一般把茶馆叫作茶楼。一天之内，茶楼有早茶、午茶、晚茶，其中吃早茶最热闹。广东的早茶全中国闻名。每天一大早，茶楼一开门，茶客们就纷纷前来。茶楼里常常坐满了人，人们点上一壶茶，再点一些点心菜肴，如叉烧包、虾饺、肠粉、豉汁排骨等，边吃边喝。老人们喜欢一早来到茶楼，喝喝早茶，谈谈家事、国事，消磨时光；年轻人因为工作的关系则来去匆匆，晚茶才是他们真正放松娱乐的时间。晚上的茶楼多是年轻人的社交天地，他们往往要从傍晚饮茶直至宵夜，夜静更深时才离开。许多生意人也习惯在茶楼交流信息，洽谈生意。

（4）杭州茶室

杭州的自然山水和名胜古迹赋予杭州茶馆浓浓的文化氛围和良好的文化品位。杭州的各种茶室古朴典雅，讲求名茶配名水，杭州的龙井茶和虎跑泉天下闻名，用虎跑泉水泡龙井茶，茶水清淡甜美，如甘露一般。

生词表 Words

1.	境界	jìngjiè	（名词）	(spiritual) plane, state
2.	层面	céngmiàn	（名词）	scope, field
3.	普及	pǔjí	（动词）	popularise
4.	改进	gǎijìn	（动词）	improve
5.	工艺	gōngyì	（名词）	technological process
6.	天然	tiānrán	（形容词）	natural
7.	清澈	qīngchè	（形容词）	limpid, crystal clear
8.	斟	zhēn	（动词）	pour (tea or wine)
9.	纯洁	chúnjié	（形容词）	pure
10.	忠贞	zhōngzhēn	（名词）	allegiance
11.	繁盛	fánshèng	（形容词）	prosperous
12.	性质	xìngzhì	（名词）	quality, character
13.	规模	guīmó	（名词）	scale
14.	消磨	xiāomó	（动词）	kill (time)
15.	洽谈	qiàtán	（动词）	negotiate
16.	氛围	fēnwéi	（名词）	atmosphere
17.	品位	pǐnwèi	（名词）	taste
18.	古朴	gǔpǔ	（形容词）	of primitive simplicity

思考题 Questions

1. 在中国，茶叶有哪些种类？
2. 在中国喝茶时有什么礼仪？
3. 谈谈中国人婚俗中的茶。
4. 中国各地的茶馆有什么特点？

第四节 酒与酒俗

中国是世界上酿酒最早的国家。酿酒在夏代之前已经发明，距今已有五千多年的历史。殷商时期出现的文字——甲骨文里就有“酒”这个字了，商代酒的品种据甲骨文记载的至少有三种。酒一直是中国社会生活中最重要的饮料之一。在中国古代，酒被看作神圣的物质，只用于祭祀天地、宗庙或招待贵宾等庄严之事。随着酿酒业的普遍兴起，酒逐渐成为人们日常生活的饮料，在人们生产、生活的许多方面形成较为系统的酒文化风俗，可以说，无酒不成礼，无酒不成俗。

一、酒的历史、种类及名酒

关于酒的起源，在民间流传着不少的传说，最有名的是“杜康造酒”。杜康又名少康，夏朝人，是中国古代一个奴隶制王朝夏朝的第五代君主。传说夏朝第四位国王相在位的时候发生了一次政变，相被杀，相的妻子后缗（mín）氏逃走后生下了儿子杜康。少年的杜康以放牧为生，带的饭食挂在树上，他常常忘了吃。一段时间后，杜康发现挂在树上的剩饭虽然变了味，但产生的汁水味道很好，这引起了他的兴趣。杜康反复地研究思索，发现了自然发酵的原理。进过杜康不断地改进，终于形成了一套完整的酿酒工艺。这一发明奠定了杜康中国酿酒业开山鼻祖 (founder) 的地位，他所造的酒也被命名为“杜康酒”，从这以后，中国古代的酿酒事业开始出现了。后人为了纪念杜康，将他尊为酿酒始祖，现在“杜康”也成了酒的代名词。

“杜康造酒”只是一个美丽的传说，中国酒的起源和发展经历了从自然酒到人工酒、从简单的自然发酵酒到蒸馏 (distill) 酒的过程。根据制作的原料和成分，中国的酒可分为白酒、黄酒、啤酒、果酒、药酒五大类。

白酒是一种高浓度的酒精饮料，是以谷物或薯类为原料，用蒸馏法酿造的。白酒的酒精含量多在 50 至 60 度左右，“低度白酒”也多在 30 度以上。白酒很讲究色、香、味，其中：酱香型白酒，名酒有茅台酒；清香型白酒，名酒有汾酒；浓香型白酒，名酒有五粮液、剑南春、沪州老窖、古井贡酒、洋河大曲等；米香型酒，名酒有桂林三花酒；混合香型酒，名酒有董酒。

黄酒因其颜色而得名，又称老酒，是一种低度酒，酒精含量一般在 15 至 20 度之间。黄酒也是采用压滤工艺，用谷物酿造的。有名的黄酒有绍兴的加饭酒、状元红、古越龙山花雕酒等。

啤酒是英文“beer”的译音，它传入中国只有一百多年的历史。啤酒是含酒精度数最低的一种酒，有丰富的营养成分，因此，啤酒又有“液体面包”的美誉。有名的中国啤酒有青岛啤酒、燕京啤酒、中华啤酒、雪花啤酒等。

果酒是以水果为原料发酵而酿成的酒。由于葡萄酒的产量、质量和品种、名声都远远超过其他水果酒，自然也就成为果酒类的代表。葡萄酒酒精含量较低，一般在 8 到 24 度之间。葡萄酒很有营养，适量饮用非常有益于健康。中国有名的葡萄酒有张裕、长城、王朝等品牌。

药酒属配制酒，中医把它叫作“酒剂”，是用白酒、食用酒精 (alcohol)、黄酒或葡萄酒，根据不同病症，选择不同药方，用不同方法制成的，多为浸泡药材 (medicinal herb) 后配制而成。药酒是中国的传统产品，品种繁多，功效各异。

二、各种场合中的酒

1. 迎宾待客中的酒

酒是礼仪中不可缺少的，从古到今，中国人都喜欢以酒食招待客人。很多少数民族 (minority ethnic group) 以酒待客的风气更为浓厚，常常用敬酒来表达自己诚挚的情意。

2. 婚俗中的酒

“喜酒”，往往是婚礼的代名词，人们说置办喜酒就是置办婚事，去喝喜酒，也就是去参加婚礼。新郎新娘要向参加婚礼的宾客敬酒，宾客们要饮酒表示对新人的祝贺。婚礼程序中有“交杯酒”的传统仪式，在古代又称为“合卺”(jǐn, nuptial wine cup)，“合卺”后来引申为“结婚”的意思。在唐代就有“交杯酒”一词；到了宋代，在礼仪上，盛行用彩丝将两只酒杯相联，并绾（wǎn）成同心结之类的彩结，夫妻互饮一杯，或夫妻传饮。这种风俗在中国非常普遍。

在浙江绍兴一带有一个习俗，生了女儿后要酿酒并把酒埋藏起来，到女儿出嫁时取出请客，这种酒叫“女儿酒”。“女儿酒”的酒坛非常讲究，上边绘有各种花卉、人物图案；在画面的上方有烧制题词的装饰图案，填写花好月圆、白首偕老等吉祥彩头。这种酒坛称为“花雕”，装在里面的酒就成为有名的“花雕酒”。

3. 节日中的酒

中国人一年中的几个重大节日都有相应的饮酒活动。

古代的中国人春节期间要饮用屠苏酒、椒花酒，寓意吉祥、康宁、长寿，现代则可选择各种各样的酒来庆贺新年的到来。

过去，元宵节人们用五牲、果品、酒供祭。祭礼后，把供品撤掉，家人团聚畅饮来祝贺新春佳节结束。

清明节饮酒有两种原因：一是寒食节期间，不能生火吃热食，只能吃凉食，饮酒可以增加热量；二是借酒来缓和或暂时麻醉人们哀悼亲人的心情。古人对清明饮酒写诗较多，如杜牧的《清明》一诗“清明时节雨纷纷，路上行人欲断魂；借问酒家何处有，牧童遥指杏花村”就很有名。

端午节时人们为了辟邪、除恶、解毒，有饮菖蒲酒、雄黄酒的习俗。

在中秋节，无论家人团聚，还是朋友相会，人们都离不开赏月饮酒。到了清代，人们以中秋节饮桂花酒为习俗。

重阳节有登高饮酒的习俗，历朝各代的人们逢重九就要登高、赏菊、饮酒。重阳节饮的酒主要是菊花酒，此外还有茱萸酒、茱菊酒、黄花酒、桂酒等酒品。

除夕晚上，全家聚餐饮酒又名为喝团圆酒，向长辈敬的酒叫辞岁酒。

4. 丧葬祭祀中的酒

从远古以来，酒就是祭祀时的必备用品之一。祭祀活动中，酒作为美好的东西，首先要奉献给上天、神明和祖先享用。古代祭祀对用酒有明确的规定。在古代，主持祭祀活动的人是权力很大的。原始社会主持祭祀活动的人称为巫师 (sorcerer)，后来又称“祭酒”。

人死后，他生前的亲朋好友都要来吊唁。汉族的习俗是请亲友“吃斋饭”，就是在葬礼期间举办酒席。虽然吃的是素食，但酒还是必不可少的。古代还有死者入葬后在墓穴内放入酒的习俗，为的是让死者在阴间也能享受到和在人间时一样的饮酒乐趣。

过去，在一些重要的节日里举行家宴时，人们都习惯为死去的祖先留着上席，一家之主这时也只能坐在次要位置。在上席为祖先放上酒菜，意思是让祖先先饮酒进食后，一家人才能开始用餐。人们还会在祖先的牌位 (memorial tablet) 前点上蜡烛，敬一杯酒，以表达对死者的哀思。

5. 接风送行酒

欢迎远道而来的客人或出远门归来的亲朋好友，人们会举行酒宴迎接他们，庆贺他们的到来，这时喝的酒叫“接风酒”。

亲人朋友出远门时，人们希望他们平安顺利，用美酒佳肴给他们饯行，这时喝的酒叫“饯行酒”。

6. 生日寿辰酒

孩子出生后喝“满月酒”或“百日酒”，是中国各地普遍的风俗之一，孩子满月时，家里会摆上几桌酒席，邀请亲戚朋友共同庆贺。应邀出席的亲戚朋友一般都要带礼物或送红包。

中国人有给老人祝寿的习俗，一般六十岁以后的生日称为大寿，由子女出面举办，邀请亲朋好友参加酒宴共同庆祝。

7. 出师祝捷酒

为将要出征的勇士送行，更要用到酒。这个时候喝的酒就叫“壮行酒”，意思是用酒来激励斗志，为勇士们壮胆送行。

三、饮酒礼俗

宴席上饮酒有很多礼仪，在斟酒、敬酒、喝酒等方面都有一些要求。

斟酒时，酒瓶要当场打开，酒杯大小要一致。主人要先为客人斟满酒，斟酒时要把酒倒满杯，俗话说“酒要满，茶要浅”，酒满是显示待客的诚挚。斟酒时常说“满上满上”，不能摇动酒壶或酒瓶，不能将酒壶口对着客人。如在座的有年长者，或有长辈、远道来的客人或职务较高的人，要先给他们斟酒，如不是这些情况，可按顺时针方向，依次斟酒。再斟酒应在对方干杯之后，或杯中酒很少时。晚辈不宜让长辈为自己斟酒。

敬酒也叫劝酒，通常要讲一些祝愿、祝福类的话，可以随时在饮酒的过程中进行。一般情况下，敬酒应以年龄大小、职位高低、宾主身份为先后顺序，先敬长者或地位高的人。敬酒一般不能拒绝，拒绝是对敬酒人的不敬。敬酒有好几种方式。

文敬，是有礼有节地劝客人饮酒。酒席开始，主人往往在讲上几句话后便开始了第一次敬酒。这时，宾主都要起立，主人先将杯中的酒一饮而尽，并将空酒杯口朝下，说明自己已经喝完，以示对客人的尊重。客人一般也要喝完。在席间，主人往往还会分别到各桌去敬酒。

回敬，是客人向主人敬酒。

互敬，是客人与客人之间互相敬酒。

罚酒，这是中国人敬酒的一种独特方式。罚酒的理由也是五花八门的。最为常见的可能是对酒席迟到者罚酒三杯。罚酒常常带点儿开玩笑的性质。

中国人敬酒时，往往都想让对方多喝点酒，以表示自己尽到了主人之谊。客人喝得越多，主人就越高兴，说明客人看得起自己；如果客人不喝酒，主人就会觉得没有面子。为了使对方多饮酒，敬酒者会找出种种必须喝酒的理由，或是说一些趣话，如“感情深，一口闷；感情厚，喝个够”“感情浅，舔一舔”等。在宴席上，还会经常听到有人说“先干为敬”这样的话，意思是劝人饮酒时前自己先干一杯酒，来表示对对方的尊敬。

中国人喝酒可以碰杯或干杯，碰杯的时候，应该尽量让自己的酒杯低于对方的酒杯，表示你对对方的尊敬。当你离对方比较远时，用酒杯杯底轻碰桌面，也表示和对方碰杯的意思。

现在中国人饮酒提倡适当、随意。如果因为生活习惯或健康等原因不适合饮酒，可以用茶水代替，人们也常说“感情有，茶当酒”；或是请亲友、晚辈、部下代饮。

此外，中国人还有喝酒时行酒令 (play drinkers’ wager game) 的习俗。酒令是饮酒时的一种游戏，输了的人会被罚酒。中国古代的酒令最早诞生于西周时期，在隋唐时期得到完善。酒令分为雅令和通令，雅令主要在文人雅士 (literati) 中进行，以对诗为主；通令主要在民间老百姓中进行，主要有抽签 (drawing lots)、划拳 (guessing fingers)、猜数 (guessing figures)、掷骰子 (casting the dice) 等。通令很容易营造热闹的气氛，因此更为流行。现在中国不少地方在喝酒时仍然有行酒令的习俗。

四、关于酒的词语

1. 酒的别称

在中国古代，酒的别称有几十个，常见的有：

琼浆——用美玉制成的浆液，古代传说饮了它可以成仙，比喻美酒或甘美的浆汁；

玉液——指如美玉般的酒或浆液；

曲蘖（niè）——本来指酒的发酵剂，后来代指美酒；

醍醐（tíhú）——原指从牛奶中提炼的精华，后来代指美酒；

杯中物——因为酒大多是用杯来盛而得此名。

2. 曲水流觞

中国古代的一种游戏。农历三月时，大家在水流旁宴饮，让酒杯顺着曲折的溪流漂浮，酒杯漂到谁的面前，谁就要拿起酒杯把酒喝光，并且需写一首诗，这就是“曲水流觞（shāng）”。“觞”的意思是酒杯。中国著名的书法家王羲之的经典之作——《兰亭集序》就是曲水流觞之时写成的。

3. 酬酢

酬酢（chóuzuò）指饮酒时主人和客人互相敬酒，主人敬客人为“酬”，客人敬主人为“酢”。

4. 觥筹交错

“觥（gōng）”是商周时期用青铜制成的一种酒杯，“筹（chóu）”是行酒令的筹码。这个成语的意思是酒杯和酒筹 (gaming chip used by drinkers) 交互错杂，用来形容许多人聚会饮酒的热闹场面。

5. 灯红酒绿

红色的灯火，绿色的酒（古代的绿酒是一种好酒），形容灯光陆离、美酒流溢的夜晚的繁华景象，也用来形容寻欢作乐的生活。

6. 酒囊饭袋

常用“酒囊（náng）饭袋”这个成语来比喻某人没有能力。

7. 醉翁之意

也说“醉翁之意不在酒”，这个说法出自宋代诗人欧阳修的《醉翁亭记》，比喻表面好像在谈或做着某一件事，而实际上另有别的意思或企图。

8. 酒肉朋友

指不能共患难，只是在一起吃喝玩乐的朋友。

9. 敬酒不吃吃罚酒

比喻好好劝说不听，用强制的手段却接受了。

10. 酒香不怕巷子深

意思是酿得好的酒，就算在很深的巷子里，也会有人闻香知味，前来品尝，引申为只要东西好，哪怕寻找起来十分困难，人们也能够知道它，并努力去寻找它。

11. 旧瓶装新酒

比喻用旧的形式表现新的内容。

12. 酒逢知己千杯少

酒桌上遇到知己，喝一千杯酒都还嫌少。形容性情相投的人聚在一起总不会感到厌倦。

生词表 Words

1.	酿酒	niàng jiǔ		make wine
2.	神圣	shénshèng	（形容词）	sacred
3.	宗庙	zōngmiào	（名词）	ancestral temple
4.	庄严	zhuāngyán	（形容词）	solemn
5.	兴起	xīngqǐ	（动词）	rise, spring up
6.	原理	yuánlǐ	（名词）	principle
7.	奠定	diàndìng	（动词）	lay a foundation

8.	成分	chéngfèn	(名词)	element, composition
9.	酿造	niàngzào	(动词)	make (wine, vinegar, soysauce, etc.)
10.	品牌	pǐnpái	(名词)	brand
11.	浸泡	jìnpào	(动词)	soak
12.	配制	pèizhì	(动词)	make up, concoct
13.	浓厚	nónghòu	(形容词)	strong
14.	诚挚	chéngzhì	(形容词)	sincere
15.	引申	yǐnshēn	(动词)	extend (the meaning of a word or a phrase)
16.	埋藏	máicáng	(动词)	bury
17.	缓和	huǎnhé	(动词)	ease
18.	哀悼	āidào	(动词)	mourn
19.	吊唁	diàoyàn	(动词)	mourn the dead and console the bereaved
20.	哀思	āisī	(名词)	express sad feeling (towards the deceased)
21.	饯行	jiànxíng	(动词)	host a farewell dinner
22.	激励	jīlì	(动词)	inspire
23.	宴席	yànxí	(名词)	banquet
24.	依次	yīcì	(副词)	in order
25.	五花八门	wǔhuā-bāmén		of different kinds
26.	诞生	dànshēng	(动词)	be born, come into being
27.	提炼	tíliàn	(动词)	refine
28.	曲折	qūzhé	(形容词)	winding
29.	漂浮	piāofú	(动词)	float
30.	筹码	chóumǎ	(名词)	gaming chip
31.	陆离	lùlí	(形容词)	varicoloured
32.	流溢	liúyì	(动词)	overflow
33.	寻欢作乐	xúnhuān-zuòlè		seek pleasure and indulge in merriment
34.	企图	qǐtú	(名词)	intention
35.	患难	huànnàn	(名词)	trials and tribulations
36.	强制	qiángzhì	(动词)	compel
37.	知己	zhījǐ	(名词)	bosom friend
38.	厌倦	yànjuàn	(动词)	be weary

思考题 Questions

1. 在中国，关于酒的起源有什么传说？
2. 中国的酒有哪些种类？它们有什么特点？
3. 宴席上饮酒有什么习俗？
4. 说出一些和酒有关系的词语、成语或俗语。

第三章 人生礼俗

第一节 传统寿诞礼俗

一、求子

在中国人的传统观念里，繁衍后代一直占有重要的地位，求子的意识和行为表现在人们日常生活的各个方面，形成很多富有生活情趣和地方特色的求子习俗。现在很多习俗已经难得一见了。

1. 鲤鱼

在汉族聚集的许多地区，女人嫁妆中的绣花被、绣花枕头上边常常会绣有鲤鱼 (carp)。鲤鱼是繁殖力很强的鱼类，象征着多子多孙。

2. 早生贵子

在有些地方，会在给新娘新郎准备的被子中放上红枣、花生、桂圆、瓜子，各取这四种食品名字中的一字“枣、生、桂、子”，连起来读的谐音就是“早生贵子”，表达人们祝福新婚夫妇尽快生孩子的美好愿望。

3. 石榴

石榴 (pomegranate) 中的籽非常多，婚礼时人们赠给新人石榴，用来祝福新婚夫妇多子多孙。

4. 麻袋

在中国有些地方，当新娘下花轿 (bridal sedan chair) 时，地上早已铺好几条麻袋 (gunnysack)，随着新郎新娘向前走，人们要传递着铺上麻袋，同时喊“传代，传代”，一直到新郎新娘走到洞房门前为止。“袋”和“代”谐音，这样做的寓意是希望一对新人早生孩子，早日实现“传宗接代”的目标。

5. 五子登科

有的地方把瓜子、松子、莲子、白果子、枣子五种果子放在新房中或撒在新婚床上，寓意是“五子登科”，也就是“多子多福”的意思。

6. 女名求子

在有些汉族地区，如果某家连续生的都是女孩儿，常常会给女儿取“来弟”“招弟”之类的名字，表达希望下一次能生一个男孩儿的愿望。

7. 麒麟送子

麒麟 (kylin) 是古代传说中的一种动物，身子像鹿，尾巴像牛，独角，全身长着鳞甲，在古代和凤、龟、蛇一起被称为四种灵物，是吉祥的象征。人们相信麒麟可以送子，所以常挂起麒麟图，祈求吉祥多子。麒麟图上画的大多是一个童子 (boy) 手拿着莲花、如意，骑在麒麟上，或是仙女抱着一个男孩儿骑在麒麟上。人们对聪明可爱的男孩儿常称为“麒麟儿”“麟儿”或“麒麟童”。

8. 送子观音

观音 (Goddess of Mercy) 是佛教中的菩萨 (Bodhisattva)，佛教传入中国后，中国人创造了“送子观音”的形象。送子观音是观音菩萨化身之一，很受中国妇女的喜爱。送子观音的形象通常是观音手捧一个婴儿，也有的是观音双手合十 (put both palms together as a Buddhist greeting)，前边站着一个童子。人们认为，妇女只要摸摸这尊塑像，或是口中诵念和心中默念观音，就可得子。到观音庙里去烧香或家中供奉观音神像的人，很多是为了求子。

9. 传统图案

很多地方有贴年画 (Spring Festival pictures) 求子的习俗，年画上一般画着一个活泼可爱的胖男孩儿抱着一条大鲤鱼，男孩儿和鲤鱼象征着多子多福。

民间剪纸 (paper cut) 有“喜上眉梢 (be radiant with joy)”的图案，画面上是一个小孩儿拖着一个南瓜，南瓜上站着一只喜鹊 (magpie)，孩子穿的衣服上的图案是梅花图，意思是“得子有喜”。

二、庆贺诞生

中国人很重视庆贺孩子的诞生。在孩子诞生后，家人会用一系列庆祝活动表达对新生儿的祝福。

1. 报喜

中国人把怀孕叫“得喜”，孩子诞生叫“添喜”，生男孩儿叫“弄璋之喜”（“璋”是一种玉器，古人把璋给男孩儿玩，希望他将来有玉一样的品德），生女孩儿叫“弄瓦之喜”（瓦是纺车上的零件，古人把瓦给女孩儿玩，希望女孩儿长大后成为干家务的能手，做贤妻良母）。把孩子诞生的消息告诉亲戚、朋友、邻居等叫“报喜”。

2. 贺喜

中国人讲究礼尚往来。接到报喜的消息和收到报喜的礼物的人一般要回赠礼物。贺喜的礼物因各地风俗习惯的不同而不同：有的地方送大米，寓意是祝福新生儿顺顺利利长大；有的地方用小篮子装满礼物，“篮”的谐音是“拦”，意思是把疾病等不好的事拦住，寓意是祝福新生儿健康成长；有的地方送母鸡、鸡蛋、红糖等食物，让产妇尽快恢复身体，让新生儿健康成长……现在中国各地仍旧流行给新生儿贺喜送礼。由于市场上商品非常丰富，人们送礼的选择比较多，送礼的时间也很灵活。除了亲戚外，朋友、同学、同事也可以选择适当的礼物赠送，以表祝贺。

3. 满月

满月又叫“弥月”，是指孩子出生后满一个月，此时，中国各地一般都有满月礼的庆祝活动，内容各地略有不同，大概的程序主要包括定吉日、请客、送礼、剃胎发、吃满月酒等。人们在孩子满月时送的满月礼都表达对孩子美好的祝福。在山西一带，人们送给孩子银锁，锁上刻有“长命百岁”“长命富贵”“麒麟送子”等吉祥图案。在河北等地，人们送给孩子布老虎、虎头鞋、虎枕等礼物，因为老虎是兽中之王，能镇妖驱邪，让它陪伴孩子，能让孩子远离灾祸，健康成长。

4. 百日

百日是孩子出生后一百天。民间的说法是“三日看相，百日看长”。人们认为百日是新生儿成长中的一个大关口，过了百日，新生儿就能平平安安地长大了。不少地方把百日和“百岁”“百禄”等吉利的话语联系在一起，民俗叫“过百天”。这天亲戚朋友再次来祝贺孩子，小孩子要穿“百家衣”、戴“百岁锁”（“长命锁”）。百家衣由五颜六色的各种小布块做成，布块由亲朋邻居各家提供。小孩子穿百家衣一是象征长命百岁，二是象征先苦后甜。

5. 周岁

孩子一周岁时，要举行一定的仪式来庆祝，亲戚朋友都来送礼祝贺，祝福孩子健康成长。周岁的庆祝仪式中最重要的是“抓周”。“抓周”就是在孩子面前摆放各种生活用具和玩具，让孩子随便抓取，以此来预测孩子的性格、兴趣和前途。中国大部分地区都有这样的风俗。抓周时，人们常放上书、算盘 (abacus)、钱、玩具刀枪、笔、印章 (seal) 等物品，孩子抓到书或笔，表示长大后喜欢读书认字，会很有学问；抓到算盘，表示孩子长大后善于经商致富；抓到玩具刀枪，表示今后功夫高强；抓到钱，表示孩子以后会富贵；抓到印章，表示孩子以后会当官……孩子抓周后，客人们都会表示祝贺。人们认为，通过“抓周”可以在孩子一岁的时候就知道他以后是什么样子的，其实，这并没有什么科学依据，但是很多人还是愿意去相信。可以说，抓周的习俗反映了人们望子成龙的心理。

三、过生日

一年一次的生日礼，以前叫“做生”或“过生儿”，现在多叫“过生日”。现在有的中国人喜欢过农历生日，有人喜欢过公历生日，有人干脆农历、公历生日都过。

中国人对年龄的计算还有实岁和虚岁的分别。实岁，就是一个人实际的岁数，如一个孩子 2017 年 1 月出生，那么到了 2018 年 1 月，正好是一周岁，过完生日就意味着开始一周岁的生活。虚岁，比实岁要大上一岁，上例中 2017 年 1 月出生的孩子，2018 年 1 月过完生日就算两岁了，因为古代中国人认为，孩子从母亲怀孕开始计算年龄，出生后就算一岁。现在如果你问一个中国人的岁数，他告诉你的可能是实岁，也可能是虚岁。

过去中国人过生日一般会吃面条，也就是长寿面，细长的面条意味着过生日的人生命长久，好运长久，幸福长久。有的地方过生日时要吃煮鸡蛋或荷包蛋，寓意是生活圆满幸福。现在很多中国人也采用西方人过生日的方法：订一个生日蛋糕，点上生日蜡烛，在亲人朋友的祝福声中许下心愿，吹灭蜡烛，然后切分蛋糕，大家共同分享，随后开始热闹的生日晚会。

四、祝寿

祝寿一般为晚辈对长辈或亲友之间的生日祝贺，在中国古代指在老人过生日时为他祝贺，现代已经发展成庆祝生日的代名词，或设寿宴寿席、或敬献书画艺术品等礼物。庆祝老年人的诞生纪念日才称为“寿辰”，也可叫“做寿”，寿庆通常从五十岁开始，五十岁为“大庆”，六十岁以上为“上寿”，两老同寿为“双寿”。有种说法是从六十岁开始，祝寿要隆重些，逢十是大寿，要举行较为隆重的寿诞仪式。另一种常见的说法是六十到八十岁的人尽量避免大办生日，且从十七到六十岁之间逢十要提前一年庆祝生日，也就是按虚岁过整十的生日。六十岁的人已经经历了六十甲子一次轮回，是花甲大寿，更要隆重，但一般在虚岁六十（即实岁五十九）的时候来庆祝。如果是八十岁的高龄老人，那祝寿场面就更要大了，俗称“庆八十”。不过有的地方做寿还有“做七不做八”的说法，意思是七十岁做寿，八十岁不做寿，八十岁寿辰多延迟到第二年补做，叫“补寿”“添寿”，也有提前一年庆寿的。

过去民间做寿，一般在家中设寿堂 (longevity hall for birthday celebrations)，寿堂正中，用纸或绸缎 (silk and satin) 剪一个大红“寿”字，两旁挂寿联 (birthday couplets)。庆寿活动从寿辰 (birthday of an elderly person) 的前一天就开始了，亲友寿礼都先送到，晚上先由女儿、女婿设宴庆寿，这叫暖寿。第二天才是寿辰正日，宾客云集，向寿星道贺，并由宾客推举代表致辞。行完拜礼后即大开寿宴，饮寿酒，吃寿面。

现代人也常常以生日聚会的形式对寿星表示祝贺，聚会时吃生日蛋糕，亲友们送上礼物表示祝福，祝贺的礼仪也不再那么烦琐，举行地点和内容都比较灵活。做寿的目的除了向寿星表示祝贺之外，还为了增进老人和家人、朋友们的感情，让老人在情感上得到更多的安慰。

中国人对老人的年龄有一些别称，各有不同的含义。六十岁称为“花甲”或“耳顺”之年；七十岁称为“古稀”之年；八九十岁称为“耄耋（màodié）”之年，此时祝寿，常送带有猫和蝴蝶图案的吉祥画，因为“耄”的谐音是“猫”，“耋”的谐音是“蝶”，这样的图案寓意长寿富贵；九十岁还称为“九龄”“眉寿”，因为人老眉毛长，眉毛长寿命就长。一百岁称为“期颐”之年或“龟龄”，“龟龄”的意思是年龄像龟的寿命那么长。

五、本命年

本命年就是人们农历属相所在的年份，俗称属相年，每十二年过一次本命年。在传统习俗中，本命年常常被认为是一个不吉利的年份，人们认为本命年顺利的话就一顺百顺，鸿运当头，不顺利的话就会非常倒霉。民间通常把“本命年”叫作“槛儿年”，意思是过本命年就像迈一道槛儿一样。

为了顺利度过本命年，人们在本命年时会特意穿红色的衣物，戴红色的配饰，因为在中国传统文化中，红色是喜庆、成功的象征，能驱邪避灾。本命年时，人们多穿红内衣、红袜子，或系红腰带。红袜子、红内裤和红腰带是传统的“老三样”本命年服饰。此外，人们还会戴红细绳，或是戴红丝线穿制的随身饰物，希望用红色来让自己趋吉避凶，这就是常说的“本命红”。这种民俗心理到现在还有很多人在遵循。由于传统中有这些习惯，所以亲朋好友之间会送给要过本命年的亲人红色的衣饰，来表达自己对亲人的祝福。

生词表 Words

1.	繁衍	fányǎn	（动词）	procreate
2.	嫁妆	jiàzhuāng	（名词）	dowry
3.	繁殖	fánzhí	（动词）	reproduce

4.	形象	xíngxiàng	（名词）	figure, image
5.	化身	huàshēn	（名词）	incarnation
6.	怀孕	huáiyùn	（动词）	be pregnant
7.	预测	yùcè	（动词）	predict
8.	望子成龙	wàngzǐ-chénglóng		long to see one's children succeed in life
9.	干脆	gāncuì	（副词）	just
10.	圆满	yuánmǎn	（形容词）	satisfactory
11.	许	xǔ	（动词）	promise
12.	心愿	xīnyuàn	（名词）	cherished desire
13.	分享	fēnxiǎng	（动词）	share
14.	隆重	lóngzhòng	（形容词）	grand, solemn
15.	道贺	dàohè	（动词）	congratulate
16.	推举	tuījǔ	（动词）	recommend
17.	增进	zēngjìn	（动词）	enhance
18.	鸿运	hóngyùn	（名词）	good luck
19.	遵循	zūnxún	（动词）	obey, follow

思考题 Questions

1. 中国人求子有哪些习俗？
2. 在中国，孩子在出生、满月、百日时怎么庆贺？
3. 什么是“抓周”？中国人认为“抓周”能表示什么？
4. 中国人怎么过生日？
5. 什么是“本命年”？

第二节　成年习俗

成年礼，是表示一个人已经进入成年阶段的一种特殊仪式。举行过成年礼仪式的人意味着走向成熟，开始脱离了亲人的养育、监护，承担起了所在家庭和社会所赋予的权利义务，并取得成年人的一切权利。成年礼是中国传统四大人生礼仪（礼节与仪式）之一。传统四大人生礼仪分别是诞生礼、成年礼、婚嫁礼、丧葬礼，在中国传统社会具有重要意义。

早在中国的先秦时期，男子到二十岁要举行冠礼，女子在十五岁举行笄（jī）礼，表示成人。冠礼表示男子到这个年龄可以结婚，并从此可以作为一个成年人参加各项活动。现在还称二十岁为“弱冠之年”，意思是还没达到壮年，但已经成人。笄礼表示女子到这个年龄可以婚嫁，并从此可以作为一个成年人参加各项活动。笄是束发用的簪子 (hair clasp)，古时女子十五岁时举行笄礼后就束发戴上簪（zān）子。十五岁称为“及笄之年”，也指已到了结婚的年龄，叫“年已及笄”。

冠礼是家庭继承人的成年礼仪，是关系到家族的传承和发展的大事。古时如此郑重的仪式，一般在家庙 (ancestral temple) 进行。日期确定后，作为冠礼的主人（将冠者的父亲），要提前三天通知各位同僚 (colleague)、朋友，邀请他们届时前来观礼。主人再次通过占筮 (practise divination) 的方法，挑选一位德高望重的人担任加冠的正宾。冠礼之日，正宾必须到场，否则不能成礼。所以，人选确定后，主人要提前一天前往正宾家中做特别邀请。除此之外，还要特邀一位“赞者”，就是协助正宾加冠的助手。冠礼完毕，冠者要拜见有关的尊长，先拜亲人，再拜国君、乡大夫、乡先生（退休还乡的卿大夫）等，这是冠者首次以成人的身份拜见。冠者拜会尊长完毕，主人用醴（lǐ，甜酒）酒酬谢正宾。举行冠礼，是要提示行冠礼者从此将由家庭中不承担责任的孩子转变为正式跨入社会的成年人，只有能实践孝、悌、忠、顺的德行，才能成为合格的儿子、合格

> “如此”意思是这样。
> 例：①你对我如此关心照顾，让我感到像在自己家里一样。
> ②她是如此可爱，每个人都喜欢她。

的弟弟、合格的臣下、合格的晚辈，可以担任各种合格的社会角色。

> “只有……才”表示在唯一的条件下有某种结果。
> 例：①我们现在只有团结起来，才能把事情办好。
> ②你只有努力才能实现自己的理想。

女子笄礼的年龄小于冠礼。女子行笄礼，古代多称“上头”。举行笄礼要先择定日期，确定参礼人员。笄礼一般也在家庙举行。笄礼中还要给笄者取“字”，现在汉语中还有相关的词语留存：“待字”是待嫁的意思；“不字”是没有许嫁的意思；“字人”是许配有人的意思；“取表字”，可以看作已成年的同义语。明代时笄礼就不怎么举行了，但其影响却并未消失。

中华人民共和国成立后，规定十八岁为成年年龄，此时的孩子们大都在上中学。近些年来，在传统冠笄礼消失很长一段时间后，中国不少地方又悄然兴起举办集体成人仪式。这些仪式遵循古代成年礼的程序，但形式和内容与古代的成年礼相比却发生了很多变化。很多学校会集中举行成年仪式，更加简化且具有现代社会的风貌。无论成年礼的形式如何，人们都希望通过成年礼仪培养年轻人的社会责任心，让他们对社会和未来有更多的担当。

生词表 Words

1.	脱离	tuōlí	（动词）	be separated from
2.	养育	yǎngyù	（动词）	bring up
3.	监护	jiānhù	（动词）	be under a guardian
4.	集团	jítuán	（名词）	group
5.	继承	jìchéng	（动词）	inherit from
6.	传承	chuánchéng	（动词）	pass on and inherit
7.	郑重	zhèngzhòng	（形容词）	solemn
8.	届时	jièshí	（副词）	on the occasion
9.	德高望重	dégāo-wàngzhòng		be of good moral standing and undisputed reputation
10.	拜会	bàihuì	（动词）	pay a formal call
11.	酬谢	chóuxiè	（动词）	reward
12.	德行	déxíng	（名词）	moral conduct
13.	合格	hégé	（形容词）	qualified

14.	许配	xǔpèi	（动词）	(of a girl) be betrothed to sb.
15.	悄然	qiǎorán	（形容词）	quiet
16.	担当	dāndāng	（动词）	shoulder responsibilities

思考题 Questions

1. 中国传统四大人生礼仪分别是什么礼仪？
2. 什么是“冠礼”和“笄礼”？
3. “弱冠之年”和“及笄之年”分别是什么意思？
4. 你们国家有没有成年礼？有什么特点？

第三节 婚姻习俗

古代中国人常说，人的一生有四件大喜事：久旱逢甘霖，他乡遇故知。洞房花烛夜，金榜题名时。意思是：干旱很长时间后下了一场大雨；在异地他乡遇到老朋友；结婚的时候；考中进士的时候。这些都是人生得意、欢喜的时候。这四喜之中，“结婚”是头等大吉大利之事。女人跟男人结婚叫“嫁”，男人跟女人结婚叫“娶”，中国人常说的“男婚女嫁”，指的就是男人和女人的婚姻。中国是一个历史悠久的国家，婚姻习俗从古到今有不少的发展和变化。

一、传统婚俗

1. 婚姻形式的发展

最早出现的婚姻形式是掠夺婚。掠夺婚，又称抢婚，是没有得到女方和她的家人同意，男人用武力抢夺女人做妻子的婚姻方式。掠夺婚在奴隶社会之前的父系社会就已经出现了。抢婚一般在黄昏时分进行，那时天色比较暗，利于抢婚。“婚姻”一词由此而来，最早写作“昏因”或“昏姻”，“昏”的意思就是“黄昏”。

买卖婚，是把女人看成一种商品，用其他商品货物和女人进行交换的婚姻方式。这种婚姻方式是在社会有一定发展，私人财产有了积累后，掠夺婚慢慢消失后产生的。

交换婚，是指双方父母分别以各家的女儿进行交换作为对方的儿媳，或者男子分别用各自的姐妹交换作为对方的妻子。从“婚媾（hūngòu）”一词仍可看出交换婚的历史存在，“媾”最开始的意思是“重叠交互为婚”，现在的意思之一也是“结婚”。

聘娶婚，是男人和女人通过聘娶的方式结婚。进入周代之后，社会进一步发展，需要用更完善的方式来规范人们的婚姻，于是聘娶婚出现，之后一直延续到中国近代社会。聘娶婚的特点是“父母之命，媒妁之言”，这是说男子和女子结婚要由父母来决定，而且要由媒人来介绍。其中，“父母之命”是指男女之间的婚姻必须由父母亲或长辈决定，没有父母长辈的同意，这个婚姻就是不合法、不符合伦理规范的。这是一种包办婚姻，这一时期男子和女子没有自由恋爱的可能，当子女的想法和父母不一样时，只能服从父母。婚姻必须维护家族的利益。“媒妁”就是媒人，是在男女两家之间互通情况、促使双方结成婚姻的人，又叫伐柯人、媒婆，后来也叫月老、红娘。

中国历史上的婚姻习俗一直以周代的聘娶婚为基本规范，男女成婚的年龄在各时代有所变化，不过大多在十五岁上下。从奴隶社会到封建社会，中国一直实行的是一夫一妻制，但对男人和女人的制约不同：男人可以合法地在正妻之外另娶小妾，皇室贵族更可以随意地娶女子入门；而女人只能忠于丈夫一人。这反映出当时中国社会男尊女卑的现实。

2. 婚姻仪式

婚姻仪式在社会发展的过程中，各时代、各地方会有一些变化，不过有一些环节是大体一致的。

订婚，又叫“定亲”。订婚要先写婚约，然后选择一个吉利的日子，男方准备好酒席，邀请双方亲友吃“定亲饭”。男方在这一天要送给女方贵重的礼物，主要是金银首饰等，礼物的数量应该是双数，女方家要给回礼。订婚后男女双方就算基本确定夫妻关系了。如果在订婚后女方答应另一家的求婚，或男方想向另一家求婚，都必须退掉之前的婚约，才能再订新的婚约。

嫁妆，是女方带到男方家的陪嫁物品，主要包括衣服、首饰、日用品、工艺品等。

定吉日，男女双方父母请算命先生选择宜于婚配的好日子，确定下结婚日期，然后发出婚宴请柬，邀请亲朋好友来参加婚礼。接到喜筵请柬的人，除特殊情况可以只送礼不参加外，一般都会前来道贺。道贺前先要准备好礼物或礼金，礼物的贵重程度或礼金的多少根据与主人的关系亲疏及自身的经济条件来确定。

哭嫁，来源于掠夺婚时期女子被抢夺时的哭喊。后来在聘娶婚时期，由于婚姻是被父母包办的，女子不能选择自己的结婚对象，而且很多女子在迎亲以前都没见过自己的未来丈夫，只能“嫁鸡随鸡，嫁狗随狗”，结婚对女人来说是一件不知吉凶的事，所以出嫁时的哭喊不仅表达对家人的不舍，而且表达对不可知的未来的忧惧。在后来，哭嫁变成了一种习俗，人们认为“哭嫁”是“哭发”，新娘哭得越厉害以后的生活就会越好，所以就算新娘很满意自己的亲事，也要在出嫁时哭喊一番。

> “就算……也”意思是即使……也，多为口语。
> 例：①对于你的计划，他就算理解也不会同意的。
> ②就算失败，也没什么大不了的。

迎亲，也叫“亲迎”，是指新郎到新娘家迎娶新娘。迎亲前夕，旧时新娘要开脸（用细绳绞去面上细小的汗毛）、梳妆打扮，现在则要盘头、化新娘妆。迎亲时最早用马车，后来主要用花轿，也有时用骑马、坐船等方式，现在大多用汽车。男方的迎亲队伍有男方亲戚、伴郎 (groomsman) 等人，女方的送亲队伍有女方亲戚、伴娘 (bridesmaid) 等人。过去新娘离开家之前还要拜祖先牌位和父母。

拜堂，又叫“拜天地”“拜花堂”，一般在厅堂举行。拜堂时，由司仪 (emcee) 主持，一般是三拜：一拜天地，二拜高堂（父母），三是夫妻对拜。

入洞房，洞房是指新郎新娘结婚时的新房。洞房门口贴着大红喜字或喜联，窗户、墙上也贴着很多吉祥的图案。新郎新娘进入洞房之后，新郎会挑开新娘头上的盖头（盖头是举行婚礼时盖在新娘头上的一块红布），然后喝合卺（jǐn）酒，就是把一个匏（páo，葫芦）剖成两半，新郎新娘各用一半共同喝酒。到了近代以后，用酒杯代替了匏杯，叫喝“交杯酒”，就是用红线把两个酒杯拴在一起，新郎新娘各喝完半杯后交换酒杯，喝完剩下的酒，或是新郎新娘手臂交错后再各饮自己酒杯里的酒。

闹洞房，就是参加婚礼的亲朋好友、邻居宾客可以在洞房中用各种方式跟新郎新娘开玩笑，耍弄他们。人们认为，闹洞房不仅能增加婚礼喜庆热闹的气氛，而且闹得越厉害，新郎新娘今后的生活就越发达。

回门，是结婚后新郎陪新娘第一次回新娘的父母家，即娘家。回门一般是在婚后的第三天，也有在第五、六、七、九、十或十二天的。这是新郎正式以女婿的身份进入女方家。回门的时候，新郎不能空手，要给岳父岳母准备礼品，礼品的数量必须是双数。回门这一习俗从女婿方面来说，是感

> “从……方面来说”意思是从某个角度来看。
> 例：①到中国留学从学汉语方面来说是一个很好的选择。
> ②从父母方面来说，他们不愿意孩子出门远行。

谢岳父岳母养育自己妻子的恩德，拜会结识女方亲友；从女儿方面来说，是表示出嫁成家后不忘父母对自己的养育之恩。

由晚清到民国时代，男女的结婚年龄为男 18 岁，女 16 岁。在民国成立前后，出现了“文明结婚”的婚礼形式。不少人在订婚、结婚时会在报纸上刊登订婚、结婚启事。在婚礼上，新郎新娘穿西式服装，宣读婚书誓约，交换戒指，行鞠躬礼，并伴随着乐队演奏的乐曲，接受来宾们的祝贺等，形成中西兼有的一套婚姻礼仪。

二、现代婚俗

1. 婚姻制度

中华人民共和国成立后，1950 年颁布了婚姻法，规定男女婚姻自由，一夫一妻，男女平等，新的婚姻制度建立起来了。1981 年实施新的婚姻法，在原来婚姻法的基础上，有一些补充和修改，如结婚年龄从原来的男 20 岁、女 18 岁变成男 22 岁、女 20 岁。

新的婚姻制度下，婚姻再也不是“父母之命，媒妁之言”了，男女双方在结婚前有自由恋爱的机会，他们可以自己认识，可以通过别人介绍认识或通过婚姻介绍所认识，也可以通过报纸、电视、广播，现在还可以通过网络等媒体征婚相识。在符合自身择偶条件的前提下，双方的感情成了婚姻的主要条件，虽然双方要征求父母的意见，但婚姻基本上是自己做主，结婚自由，离婚自由。

同时，男女婚姻要办理法律手续才算合法，否则他们的婚姻不受法律保护。也就是说，男女双方结婚时要先去当地有关部门进行结婚登记，领取结婚证，在法律上确认彼此的夫妻关系。领取结婚证后，再根据夫妻的实际情况或需要来决定是否举行结婚仪式，有的夫妻只领取结婚证，不举行任何结婚仪式；有的夫妻通过旅行的方式庆祝婚姻的建立；有的夫妻举行或简单或隆重的婚礼来向大家宣告自己的婚姻。

2. 婚姻仪式

城市中人们的婚礼一般是在饭店、酒家举行，新郎新娘请亲戚朋友、同事同学等吃饭，这顿饭叫喜筵，喝的酒叫喜酒，吃的糖叫喜糖，抽的烟叫喜烟。

我们如果想问对方什么时候结婚，可以问“什么时候喝你的喜酒”或“什么时候吃你的喜糖”。

在婚礼前，结婚的双方要做一些婚礼的准备，主要包括：商定好举行婚礼的日期，这个日期一般是吉利的日期，常常是带有“6”或“8”“9”的日子，因为“6”的意思是“六六大顺、顺利”；“8”的谐音是“发”，“发”指“发财、发达”，象征着家庭兴旺发达；“9”的谐音是“久”，“久”意味着“爱情长久，天长地久”。选择吉日反映了人们讲求吉利的心理。现在人们多选择节假日或双休日中带有以上吉利数字的日期举行婚礼。

婚礼的程序和规模没有统一规定，一般根据新郎新娘的想法或经济条件来决定。

在举行婚礼的当天，新娘一大早就要化好妆，等着新郎来迎亲。新郎迎亲的交通工具是汽车队伍。少则几辆、多则几十辆的车队装饰着鲜花、气球、彩带等，漂漂亮亮，在头车的带领下开往新娘父母家迎接新娘。新娘大多穿着西式婚纱或中式礼服、旗袍等，手捧鲜花，在鞭炮声和众人的祝福声中，和新郎一起进入车中，去往举行婚宴的地方。

到达婚礼地点后，已经到达的宾客们会在门前迎接新郎新娘，向新郎新娘抛撒花瓣、彩带等，有些地方还会在此时燃放鞭炮，都是用来烘托热闹喜庆的气氛。参加婚礼的客人们一般要送礼金（给新人的钱会被放在一个小红纸包中，也叫“红包”）或是送礼物，在到达婚礼地点时交给专门替新郎新娘接受礼金或礼物的人，并在专门的本子上签上自己的名字。

婚礼由司仪主持，程序主要有：介绍出席婚礼的嘉宾，证婚人宣读结婚证书，双方父母讲话，单位领导讲话，新郎新娘分别向主婚人、双方父母及亲属和来宾三鞠躬，新郎致答谢辞，新郎新娘喝交杯酒等，有些地方还有新郎新娘交换结婚戒指、共切结婚蛋糕等程序，有时参加婚礼的人们会要求新郎新娘介绍婚恋的经过，有的婚礼还会安排一些节目表演等。喜筵开始后，新郎新娘要给每一桌的客人们倒喜酒，点喜烟，敬喜糖，客人们或是向新郎新娘敬酒、送上精心选择的礼物表达祝福，或是故意开一些玩笑为难新郎新娘，以增加喜筵的欢乐气氛。

举行婚礼的时间各个地方会有所不同，如在北方地区，多是在中午以前举行，在南方一些地方却是在傍晚左右举行。

随着社会的发展，现代婚礼日益多元化，新人们会根据自身的想法和条件，举行各式各样的个性婚礼。如集体婚礼，由单位或团体举办，几对或十几对、几十对新郎新娘在一个婚礼现场同时举行结婚典礼，既简单节约又隆重热闹。另外还有追求自由享受的旅行结婚，追求神圣庄严仪式感的教堂婚礼，以及其他带有新人强烈个性色彩的婚礼，如仿古婚礼、海底婚礼、空中婚礼等。

生词表 Words

1.	娶	qǔ	（动词）	marry (a woman)
2.	掠夺	lüèduó	（动词）	loot
3.	武力	wǔlì	（名词）	force
4.	黄昏	huánghūn	（名词）	dusk
5.	聘	pìn	（动词）	betroth
6.	规范	guīfàn	（动词）	regulate
7.	媒妁	méishuò	（名词）	matchmaker
8.	伦理	lúnlǐ	（名词）	ethics
9.	包办	bāobàn	（动词）	take sole charge of
10.	制约	zhìyuē	（动词）	restrict
11.	大体	dàtǐ	（副词）	generally
12.	婚约	hūnyuē	（名词）	engagement
13.	恩德	ēndé	（名词）	favour
14.	刊登	kāndēng	（动词）	publish
15.	鞠躬	jūgōng	（动词）	bow
16.	媒体	méitǐ	（名词）	media
17.	征求	zhēngqiú	（动词）	solicit, ask for
18.	兴旺	xīngwàng	（形容词）	prosperous, flourishing
19.	为难	wéinán	（动词）	embarrass
20.	日益	rìyì	（副词）	increasingly
21.	多元化	duōyuánhuà	（动词）	diversify

思考题 Questions

1. 中国人过去常说的人生四大喜事包括哪四件事？
2. 你怎么理解中国传统婚姻中聘娶婚“父母之命，媒妁之言”的含义？
3. “红娘”“月老”这两个词有什么来历？
4. 现在中国人结婚有什么习俗？

第四节　丧葬习俗

中国人一直看重人的生和死，认为生死事大。和丰富的诞生习俗相比，丧葬习俗同样也有很多讲究。哀悼人死是丧，处理尸体为葬，丧葬的习俗是与死亡相关的人生礼仪，标志着人生旅途的终结。关于死，有很多词语来表达，如寿尽、绝命、长眠、长寝、安息、仙逝、逝世、去世、没了、终了（zhōngliǎo）、走了、去了、不在了、驾鹤西去、寿终正寝、撒手人寰等，其中人们认为寿终正寝是令人羡慕的死亡方式。“寿终”是指年纪很大后自然死亡，“正寝”是指死在家中的正房里，给寿终正寝的老人办丧事叫“喜丧”，也叫“白喜事”。“白喜事”和婚礼的“红喜事”并称为“红白喜事”。

一、传统丧葬习俗

中国各地、各民族的传统丧葬习俗多种多样，一般来说，有以下这些阶段。

准备后事，指为死者准备寿衣、寿材、造墓等。寿衣是人死之后穿的衣服，寿材是装殓死人的棺材，造墓指准备好安葬死人的墓地。墓地又叫“阴宅”，人们相信墓地风水的好坏会影响死者在阴间的生活和他的家人在阳世的生活，所以中国人十分重视墓地的选择和建造。

初丧，中国民间很讲究寿终正寝，正常死亡的老人在快死之前，家人们要给他沐浴更衣，然后把他送到家中正房里，在亲人的守护下度过人生最后的时光，这叫“送终”。人死后，不说“死了”，而说“老了”“走了”“去了”“不在了”“过去了”等。

招魂，指生者用仪式祈求鬼神，希望死者的灵魂能从冥界 (netherworld) 回到阳世 (living world) 中来，是生者尽最大的努力在挽留死者。招魂时丧家要在门前竖起招魂幡，或者挂上魂帛。

设床，指人刚死后，家人把他从床上移到专门的灵床上。

小殓，指为死者穿衣换铺盖。在提倡火葬的今天，小殓之后死者就要被送入医院的太平间或殡仪馆的停尸间冷藏起来，等待最后的火葬。

报丧，就是把死者的死讯告诉亲戚、朋友、邻居。报丧时，报丧的人一般不进别人的屋子，怕给别人带去不吉利。

大殓，就是把死者装殓进棺材。入殓的时间有的是在死后当天，有的是在第二、第三或第七天。

成服，办理丧事时，死者的亲人要穿上专门的服装（即丧服），又叫戴孝。中国的丧服以白色为主，也有穿黑色的丧服。死者的家人穿戴孝衣孝帽。根据五个等级的亲属关系，孝服也分为五种类型，称为“五服”，包含斩衰（cuī）、齐衰（zī cuī）、大功、小功、缌（sī）麻等。现在戴孝的仪式已经简化，人们常以手臂戴黑纱来代表孝服，有的地方以穿白鞋来代表孝服。有一个词语叫“披麻戴孝”([old custom] wear hemp garments, with a hemp rope tied at the head to signify mourning the death of a family elder)，指的是长辈去世，子孙身披麻布服，头上戴白色帽子或饰物，表示哀悼。

设灵堂，灵堂是停放死者、停放灵柩 (coffin with the corpse in)，供人们祭奠及孝子守孝的地方。在灵堂上要挂死者的遗像，旧时是挂画像，现在挂死者的放大照片，遗像两边及两侧的墙壁上有挽联 (elegiac couplet)。

守灵，是指死者去世后，家人守护在灵柩或灵位旁边。守灵的寓意：一是生者最后陪伴死去的亲人，以寄托哀思；二是死者的亡灵 (soul) 还未离开，必须有人陪伴，以防遭到别的鬼魂的伤害。

吊丧，指亲人、朋友、邻居等来死者家里哀悼死者。现在吊丧常送花圈 (wreath)、挽联等，表示哀悼之情。

出殡，也叫“发丧”，就是把灵柩运到埋葬或寄放的地点。这是丧礼中最隆重的仪式。出殡前，要请人选好出殡的日期，讣告亲人、朋友参加丧礼。出殡有专门的人主持，安排出殡程序。出殡这一天，亲友、邻里汇集丧家，祭送奠仪，以示哀悼。之后抬出棺材，家人亲友护送到安葬地点。

安葬，先是众人把灵柩抬到墓地，绕墓穴 (grave) 转一圈，表示让死者熟悉环境；下葬的时辰到后，众人把灵柩放入墓室；之后开始填土，堆起墓冢 (tomb)；众人跪拜烧纸钱。死者家人安葬完死者回到家中后还要烧香叩头敬天。这是传统的土葬，是采用范围最广泛的安葬方式。此外，安葬的方式还有火葬、水葬、天葬、悬棺葬、塔葬、树葬等。现在主要以火葬为主，有的农村地区还保留土葬的方式。

祭奠，死者安葬后，亲人们在一定的时期要举行一些表示追念的仪式。比较普遍的是“做七”，现在还在一些地区流行。“做七”是指从死者死的那一天起，每隔七天就祭奠一次，直到“七七”四十九天时结束，其中一七（头七）、三七、五七、七七比较重要。除了“做七”外，还有“百日祭”和“周年祭”等。“百日祭”是死者死后一百天举行的祭祀活动，“周年祭”是死者死后一周年的祭祀活动，内容都是上坟、烧纸钱、摆供品等。人们还会在清明节时去祭奠死者。

二、现代丧葬习俗

随着社会的发展和人们思想观念的进步，现代的丧葬礼有了很大的变化，旧时的很多丧葬礼仪，人们已不再遵循。虽然在一些农村地区仍然保留着不少传统的丧葬习俗，但在城市中，丧礼一般只举行简朴而庄重肃穆的追悼会 (memorial meeting)，也就是遗体告别仪式。举行追悼会一般有以下的程序：备丧，就是有关亲属全面负责丧葬的事宜，包括把逝者遗体停放在殡仪馆 (funeral parlour) 内，请化妆师为逝者遗容化妆；开出死亡证明，办理死亡证书；落实追悼会的时间、地点和布置及其他相关事情；通知亲友和逝者单位的有关人员，通知的方式可以是电话、讣告或亲自登门通报。

追悼会一般在灵堂 (mourning hall) 举行。追悼会前先要布置灵堂：灵堂要庄严肃穆，居中安放灵桌，灵桌后方正中央放逝者遗像 (portrait of the deceased)，周围放黄色鲜花，灵桌上摆放素色鲜花，中间放灵位 (temporary memorial tablet)。灵堂中央悬挂黑色或蓝色横幅，用白纸黑字书写“某某某追悼会”字样。遗像正后方挂丧家的挽联 (elegiac couplet)，灵堂两边的墙壁上则可挂客人送的挽联，花圈 (wreath)、花篮放在屋内门口两侧。在灵堂门外两边分别放一长桌，一处用来收礼，一处用来签名。人们参加丧礼送的礼物有花圈、花篮、挽联，有时会有现金。在举行骨灰 (ashes of the dead) 安葬仪式时，家人会在墓地种植小松树、小柏树或万年青之类的常绿植物，象征逝者如松柏常青。

在追悼会上的告别仪式开始前，迎候者在会场门口迎候亲友和来宾，并分发白花和黑纱。迎候者一般为丧家委托的亲友。来吊唁的来宾签名留念，并得到一份逝者的生平介绍。在追悼会仪式上，逝者亲属一般站左边，主要亲属在前排，他们手臂上戴着黑纱，胸前佩戴一朵小白纸花；吊唁者站正中，面向遗像或遗体；主持者侧身站前排左边。告别仪式开始时，哀乐奏响，人们向逝者遗体默哀三分钟；直系亲属或单位有关人员致悼词，介绍逝者生平；来宾致哀辞或发言，宣读唁电 (telegraph of condolence)、唁函 (letter of condolence)，表达哀思。之后，人们向逝者遗体、遗像三鞠躬，并绕遗体一周，向遗体告别，与逝者的家属握手并致以慰问，最后走出告别室，追悼会结束。

现在，逝者的遗体大多先在殡仪馆进行火化，然后再由家属选择合适的墓地安葬。骨灰存放的方式有骨灰墙、骨灰亭、骨灰塔、骨灰存放室等。此外，还有骨灰植树葬和骨灰埋入墓地等方式，体现了传统的“入土为安”的思想。而近年来兴起的江葬、海葬等方式也得到部分人的认可。

生词表 Words

1.	看重	kànzhòng	（动词）	regard as important
2.	终结	zhōngjié	（动词）	end
3.	安息	ānxī	（动词）	rest in peace
4.	逝世	shìshì	（动词）	pass away
5.	并称	bìngchēng	（动词）	be combined
6.	装殓	zhuāngliàn	（动词）	dress and lay a corpse in a coffin
7.	安葬	ānzàng	（动词）	bury (the dead)
8.	风水	fēngshuǐ	（名词）	feng shui, geomancy
9.	建造	jiànzào	（动词）	build
10.	守护	shǒuhù	（动词）	guard
11.	灵魂	línghún	（名词）	soul
12.	祭奠	jìdiàn	（动词）	hold a memorial ceremony for the deceased
13.	讣告	fùgào	（动 / 名）	announce one's death, obituary
14.	简朴	jiǎnpǔ	（形容词）	simple

15.	肃穆	sùmù	（形容词）	silent
16.	遗体	yítǐ	（名词）	remains (of the dead)
17.	生平	shēngpíng	（名词）	events of all one's life
18.	默哀	mò'āi	（动词）	stand in silent tribute
19.	慰问	wèiwèn	（动词）	express sympathy and solicitude for
20.	认可	rènkě	（动词）	endorse

思考题 Questions

1. 在汉语中还有哪些词语可以表达“死”的意思？
2. 词语“寿终正寝”是什么意思？
3. 人死后有哪些安葬方式？
4. 了解中国丧葬习俗的基本特点。

第四章
民间信仰

第一节　民间禁忌

禁忌是世界各国、各民族普遍具有的文化现象，是人们对自己认为危险的或神圣的事物所具有的特殊的心理和行为。人们认为遵守一定的禁忌能使自己的生活平安、顺利和幸福，而违反一定的禁忌会遭遇危险、困难和不幸。不同国家、民族的禁忌观念反映着该国、该民族的社会发展面貌和深层文化心理。中国地域宽广，民族众多，在社会生活的各个方面有着众多不同的禁忌，以下主要说说以汉族为主的中国民间禁忌。

一、饭桌上的禁忌

中国人在吃饭时有不少讲究。

吃完米饭后，碗里要一干二净，不能有剩余的米粒粘在碗上，老辈人常对年轻人说，碗上粘着米粒，将来就要娶个麻脸的媳妇。这种说法实际上是告诫年轻人要养成珍惜粮食和勤俭持家的好习惯。

吃米饭不够时不能说“要饭”或“再要一碗”，要说“再来一碗”或“再盛一碗”“再添一碗”，因为人们将街上的乞丐称为“要饭的”。

吃饭时不能吧唧嘴。喝汤时不能出声音，要用勺一口一口轻轻地喝，不能端起碗大口大口地喝。如果吃饭、喝汤声音过大，会被认为没有教养，也是对旁边吃饭的人的不尊敬。

吃饭时，如果谁不小心把饭碗、菜盘打碎了，要连忙说一声“碎碎（岁岁）

平安”，以求吉利。

使用筷子吃饭也有不少讲究。用餐时，筷子长短不齐地放在桌子上不吉利，被认为有“三长两短”的意思，预示着死亡。“三长两短”这个成语的意思是指意外的灾祸或事故，特指人的死亡。进餐时筷子掉到地上也被认为是不吉利的，因为筷子落地等于惊动了地下的祖先，是不孝的行为。吃饭时不能把筷子插在盛着米饭的碗里，因为只有给死人上香时才这样做。此外还不能把筷子横放在碗口上，海上的渔民认为那样做意味着船或要搁浅或要倾翻，非常忌讳。一般家庭都不允许人在饭桌上用筷子敲打饭碗，饭菜没端到桌子上时，孩子们要静静地坐在桌前等待，如果哪个孩子不懂事用筷子敲打饭碗，大人会马上训斥：“我这儿不收要饭的。”因为过去街上的乞丐多是一边敲打饭碗一边乞讨。吃饭时同别人交谈不能用筷子指人，否则会被认为是在骂人，对人极不礼貌。吃饭时不能把筷子颠倒使用，否则会被人认为是饥不择食。

倒酒或茶的时候，应给长辈或最尊贵的客人先倒，以示尊重，最后再给自己斟；酒壶或茶壶嘴不能对着人，对着人有不礼貌之意。

二、居住禁忌

中国人修建房屋一般是坐北朝南的，因为坐南朝北的房子冬冷夏热，不宜于居住。

住宅基地上一般不能对着大路和河道，因为人们认为在这种地方盖房子容易遇到意外之灾；忌讳房子的前门和后门在一条直线上，否则财气会从前门进，后门出，对人也不吉利；忌讳屋门对着别人家的门、窗或对着山，否则家中容易有人死去；房屋的大门不能正对着树木或柱子，否则会家道中落。

汉族人在建房过程中，要选择吉利的时辰开工，动工后，不能说不吉利的话，完工时要燃放鞭炮。

建房动土，忌讳触犯土神，要讲究太岁运行的方位。太岁是中国古代民间对木星的一个别称，木星每12年围绕太阳转一圈，它每一年有一个位置，地下相对应的就有一个太岁的化身（一种黏菌）出现。民间传说盖房子兴土木的时候门不能正对着它在天上的星位，不然地上的太岁就会动怒。久而久之就出现了"太岁头上不能动土"的说法，汉语中有"太岁头上动土"的俗语，意思是比喻触犯那些超出自己能力之外的人和事。

三、动植物的禁忌

1. 乌鸦

中国民间认为乌鸦 (crow) 是凶鸟，人们遇到它会遭到不幸。如果被乌鸦拉了一头屎，就更是倒霉透顶的事，遇到这种情况的人一般要骂几句，把晦气消除掉。

2. 猫头鹰

民间也认为猫头鹰 (owl) 是凶鸟，汉族等民族尤其忌讳猫头鹰叫，认为猫头鹰叫是人畜疾病、死亡的凶兆,一般人听到猫头鹰叫就要把它赶走。

3. 树木

汉族人认为：生长时间久远的树木，比如老柳树、老槐树等中会有精灵，不能砍伐；长得粗大、苍老的独棵树有灵性，是神仙的落脚之地，一般禁止砍伐；特别是神庙附近的树木，如果不先祭神祷告，也是绝对不能砍伐的。

四、天象的禁忌

天象 (astronomical phenomena)，是中国古代汉族星占家对天空发生的各种自然现象的泛称。人们认为太阳有驱赶鬼祟 (ghosts and monsters) 的魔力，太阳落山后，鬼祟就会跑出来。因此，很多地方忌讳太阳落山后扫地，认为这时扫地会把财神等神灵扫出门外；而外边鬼祟较多，这些善神就不会再回来了，那么这家人就会衰落下去。一些地方忌讳太阳落山后去探望病人，因为病人阳气 (yangqi, positive vigour) 衰弱，太阳落山前探视病人，可以把阳气带给病人，有助于病人尽快好转，太阳落山后阴气 (yinqi, negative vigour) 加重，此时探望病人被认为会对病人不利。

人们认为天上的星星和地上的人口是对应的，地上有人降生，天上就增添一颗星星；地上有人死亡，天上就会陨落一颗星星。如果有很明亮的星星陨落，就意味着有重要的人物死亡，甚至预示国家有难。人们忌讳用手指着月亮和星星，认为这是对月亮和星星的不敬，会冒犯月神和星神而遭遇灾祸。彗星(comet)，又称扫帚星，人们认为彗星的出现会给人带来灾祸，如灾荒、瘟疫、死亡和战争等。

五、数字的禁忌

数字中，中国人认为六和八最吉利，因为有“六六大顺”之说，“八”与“发财、发达”的“发”谐音。在不同的场合有不同的禁忌的数字。贺寿、结婚送礼忌“三”，因为“三”谐音“散”；电话号码、门牌号码、汽车号码等忌“四”，因为“四”谐音“死”；*“十”，现在更多逢九做寿，逢十不做寿，要不然就逢九直接加一岁，因为“十”与“死”谐音；*西方习俗忌“十三”，现在中国不少地方或场合也避忌这个数，如有的高楼十二层之上就是十四层；中国人不喜欢“二百五”这个数，因为俗语“二百五”的意思是傻瓜、呆子；中国人重双数，认为好事成双，比较避忌单数，不过在丧事时忌讳“二”等双数，因为人们不希望坏事成双。

> “要不然”意思是不然、否则，也可以说“要不”。
> 例：①那个地方挺远的，你得坐飞机去，要不然坐火车也行。
> ②他俩好好谈了谈，要不然还会有误会。

六、称谓禁忌

从周代开始，人死后，开始讳称他的名字，意思是把一个人的阳世 (living world) 与阴世 (netherworld) 区别开来，使得鬼神 (ghosts and deities) 不能知道他的原名，因而不能危害与其原名有联系的阳世间的事物。到了秦汉时期，避讳习俗逐渐完备，不但人死后讳名，生前也要讳名了。最初的避讳是在上层社会实行，后来流行于民间，影响到各家各户，成为一种民间习俗。

称谓禁忌中的国讳和圣讳，是指古代帝王和孔圣人 (Confucius) 的名字必须避讳，不能直说直写；家讳，是不能直接称呼父辈 (people of father’s generation)、祖辈 (forefathers) 尊长 (elders and betters) 的名字。

与人交往中，不能直称别人父母的姓名；必须提到他们时，只能以字或号来代替。

平辈 (people of the same generation) 交往，一般也称字、号而不称名，只有长辈才能直呼晚辈 (younger generation) 的名字。直到现在，子女仍然不能直呼长辈的名字，更不能叫长辈的小名，与长辈名字相同或者同音的字也有所避讳。尤其忌讳的是，晚辈的名字绝对不能与长辈的名字相同，或者与长辈的名字有谐音字、同音字，否则，被认为是对长辈不尊敬的行为。

晚辈称呼长辈时，一般应以辈分称谓代替名字称谓，如叫爷爷、奶奶、姥爷、姥姥、爸爸、妈妈等等，这类称谓可明示辈分关系，也含有尊敬的意思。不但家族内长幼辈之间是如此，师徒关系长幼辈之间也是如此，这正如俗话所说的“子不言父名，徒不言师讳”。

七、送礼禁忌

中国人有不送手帕、伞、扇、钟、刀、剪刀的习俗。

忌送手帕，因为送手帕有分别离恨之意；忌送伞或送扇，因“伞”字、“扇”字与“散”字同音，也有“分手”的意思；忌送钟，因为“送钟”谐音“送终”；忌送刀或送剪刀，因为两者都是伤人利器，会引起“一刀两断”的联想。

不能送手巾是因有“送巾，断根”“送巾，离恨”之说。这是指旧时办丧事的家庭常在丧事办完后送手巾给吊丧者，用意在于让吊丧者与死者断绝来往。因此在通常的情况下，赠人手巾，就会令人想起不吉的丧事或含有永别的意思。

夫妻或情人之间不能送梨，“梨”与“离”谐音，是不吉利的寓意。

不能给健康人送药品；不能给异性朋友送贴身的用品；不能送绿色帽子，“戴绿帽子”往往是指某男子的妻子对他不忠贞。

中国普遍有好事成双的说法，因而凡是喜事送的礼，数量上都要送双数。如赠送结婚礼品，要送成双成对的礼物，祝对方成双成对；不能送单数的礼品，否则被认为不吉利。至于礼物的颜色，白色虽有纯洁无瑕之意，但中国人比较忌讳，因为在中国，白色常是大悲之色和贫穷之色。同样，黑色也被视为不吉利，是凶灾之色，哀丧之色。而红色则是喜庆、祥和、欢庆

> “至于”表示另提一件事。
> 例：①他说一定会来，至于什么时候来他没说。
> ②锻炼身体很有好处，至于能不能坚持，每个人的情况都不一样。

的象征，受到人们的普遍喜爱。

八、语言禁忌

在日常生活中，人们是忌讳听到凶语的，凶语就是不吉利的词语，人们害怕这些字眼会使凶祸真正来临，于是改用另一些褒义词 (commendatory term) 或中性词 (neutral word) 代替。

一是用反义语来替换不吉的词语，叫“讨口彩”。如电影院或剧院里的太平门，原意为万一发生火灾的时候让观众逃走的出口，“太平”是失火事故的反义表达。

二是用有关或相近的事物名称来代替。人死了，忌说“死”，要说“老了”“走了”等。

三是用比喻来代替不吉的词语。用“崩”“山陵崩”等词语来指代帝王之死。“崩”本来的意思是山陵 (lofty mountain) 倒塌，把这个词转用到帝王之死上来，是在向人们喻示帝王是江山的顶梁巨柱，他们一旦死去，便如同山崩地裂，仿佛整个世界都要随之毁灭，因此帝王、君王之死绝不能看作平常的事。现代汉语里，士兵打仗受伤叫“挂彩”，南方则叫“带花”，都是对受伤后扎了绷带 (bandage) 的比喻。

四是对生理缺陷的表述，人们尽量用委婉的词语。比如“耳朵聋”改说“耳朵背（bèi）”，或者说“耳朵有点儿不好”“耳朵有点不便”，古人则说“重听”。一般来说，凡是对人不尊重、不礼貌的话语都是大家有所忌讳的。

九、节日禁忌

农历十二月三十日为除夕，民间认为这一日是上界神仙鬼怪下界之日，所以要在这一天祭祀，敬鬼神，且禁忌很多。如忌说鬼、死、杀等不吉利字眼，忌打碎碗碟，忌恶声骂人、说话等。这些习俗过去在汉族和某些少数民族地区都流行，现在还有一些地区保留着这样的习俗。

正月春节是新年之始，正月初一又是新年的头一天，禁忌也很多。吃年夜饭时忌无鱼，有鱼忌全部吃光，是为了讨个“年年有余（鱼）”的吉利；这一天忌动刀、斧、剪之类的器物；忌挑水，下地干活；忌借火种；忌讨债；忌针线活；忌杀生；忌啼哭；忌说一切不吉利的话，如“破、坏、死、光、鬼、输、穷、完、了（liǎo）、背时、病”等字眼都要避免，不能和人谈论与病、死、灾等有关的话题；忌与家人、朋友吵架；万一不小心打碎了东西，要说“岁岁（碎碎）平安”；饺子煮破皮，要说“挣了”，不说“破了”；忌扫地，要扫地的话必须从门口往屋里扫，这叫“捞财”，扫地后也不能把垃圾倒掉，否则会认为把财气扫掉了。正月为一年之首，头七日尤其应该注意。因此，民间在这几天的禁忌也就特别多。

农历二月初二俗称“龙抬头”，这一天忌动剪刀针线，怕伤了龙。

农历七月十四是“鬼节”，这天晚间忌外出，有的地方这天忌游泳，以免惊动鬼神而遭殃。

农历九月初九是重阳节，有的地方忌讳出嫁的女儿回娘家，民间俗话有“回家过重阳，死她婆婆娘”的说法。

女儿出嫁，三日后必返娘家，叫“回门”。但在冬至节那天，无论出嫁时间多长，女儿都不能在娘家过夜，否则被认为将克死 (cause death) 其夫家家人。

十、婚姻禁忌

在过去，中国大多数地方禁忌同姓结婚，现在只要男女双方不是近亲，同姓也可以结婚。

在结婚日期的选择上，也有一些禁忌。人们忌讳在没有立春节气的年份结婚。在过去，没有立春节气的年份俗称“寡妇 (widow) 年”，人们认为农历如果在这年结婚，夫妻之间会较多争吵，会发生难以受孕或丈夫早死等多种不幸。人们忌讳在三月或七月结婚，因为清明节和鬼节分别在农历三月和七月，此时是鬼魂 (ghost) 多出没的日子，会影响一对新人的运程，使他们运气不好或身体多病痛。人们忌讳单日结婚，结婚日期的选择还要配合新人双方的生辰八字 (eight characters in four pairs, indicating the year, month, day and hour of one’s birth)。

一年内，家里最好不要办两次婚礼，而一对新人更不应在结婚前一个月单独去参加别人的婚宴。婚礼的前一个月或后一个月，都不适合探病问丧。如果家中有直系亲属辞世，该年都不适合办喜事，即使去婚姻登记处 (marriage registration office) 登记也应尽量避免，否则会冲犯 (offend) 死者。

新娘进男家门时，忌脚踏门槛 (threshold)，应跨过去。

婚礼中，新娘忌穿黑色的衣服，所穿衣服忌有口袋，以免带走娘家财运；忌有小孩儿哭，戴孝的人、寡妇、孕妇等不能进新房；忌讳别人坐在婚床上。

新婚四个月内，忌在外过夜，忌参加任何的婚丧活动。

生词表 Words

1.	禁忌	jìnjì	（名词）	taboo
2.	现象	xiànxiàng	（名词）	phenomemon
3.	告诫	gàojiè	（动词）	admonish
4.	勤俭	qínjiǎn	（形容词）	industrious and frugal
5.	乞丐	qǐgài	（名词）	beggar
6.	教养	jiàoyǎng	（名词）	upbringing
7.	搁浅	gēqiǎn	（动词）	run aground
8.	忌讳	jìhuì	（动词）	avoid as a taboo
9.	训斥	xùnchì	（动词）	scold
10.	颠倒	diāndǎo	（动词）	reverse
11.	饥不择食	jībùzéshí		hunger is the best cook
12.	基地	jīdì	（名词）	base
13.	中落	zhōngluò	（动词）	be on the decline
14.	晦气	huìqì	（名词）	bad luck
15.	灵性	língxìng	（名词）	sagacity
16.	衰落	shuāiluò	（动词）	be on the wane
17.	衰弱	shuāiruò	（形容词）	weak and feeble
18.	陨落	yǔnluò	（动词）	(of a meteorite) fall from the sky
19.	预示	yùshì	（动词）	betoken
20.	瘟疫	wēnyì	（名词）	epidemic disease
21.	避讳	bìhuì	（名词）	word or phrase to be avoided as taboo
22.	称谓	chēngwèi	（名词）	form of address
23.	明示	míngshì	（动词）	clearly indicate

24.	讨	tǎo	（动词）	seek
25.	比喻	bǐyù	（名词）	metaphor
26.	缺陷	quēxiàn	（名词）	defect
27.	委婉	wěiwǎn	（形容词）	(of words) indirect
28.	遭殃	zāoyāng	（动词）	suffer a calamity

思考题 Questions

1. 中国人在吃饭时有什么禁忌？
2. 中国人在数字上有什么禁忌？
3. 中国人在送礼上有什么禁忌？
4. 中国人在结婚时有什么禁忌？

第二节　民间祥瑞

一、祥瑞动物

1. 龙

龙 (dragon) 是中国民间传说中的四种祥兽之一。传说麒麟是兽中之王，凤 (phoenix) 是禽中之王，龟 (tortoise) 是两栖爬行动物之王，龙是鱼类之王，它们的出现都是祥瑞的先兆。

中国人自称是“龙的传人”，在中国，龙文化十分发达。中国历史上，很早就出现了龙的形象，早在周代就出现了龙纹图案，从汉代起龙被不断神化，形象逐步固定下来，元代以后确定了龙的标准形象，成为中华民族的标志。龙的形象综合了多种动物的特征：蛇身、兽腿、鹰爪、马头、蛇尾、鹿角、鱼鳞。在神话中，龙是海底世界的主宰；在民间，龙是祥瑞的象征；在古时，龙是帝王的化身。

龙曾经是皇帝的专利。皇帝的身体叫“龙体”，皇帝的脸色叫“龙颜”，皇帝的帽子叫“龙冠”，皇帝的服饰叫“龙服”或“龙袍”，皇帝的住处叫“龙庭”，“龙袍加身”象征皇帝登上皇位。只有皇帝才能使用龙的图案，其他人如果使用了龙的图案，就会有杀身之祸。

龙的意义在发展的过程中，被赋予了很多文化内涵，主要有百虫之长、保护神、水神、祥瑞的象征、专制皇权的象征、民族文化的象征等。

龙的造型刚健有力，是中华民族阳刚之美的代表性意象。这种意象往往出现在中国传统的宫殿、坛庙建筑上。北京紫禁城 (Forbidden City) 里，到处可见龙的图案和造像，如太和殿 (Hall of Supreme Harmony) 的御龙宝座，殿内的蟠龙 (coiling dragon) 金柱，殿前的雕龙石阶 (stone stairs) 等。天坛 (Temple of Heaven) 的祈年殿 (Hall of Prayer for Good Harvests)、北海公园 (Beihai Park) 的九龙壁 (Nine-Dragon Screen)、颐和园 (Summer Palace) 的龙王庙 (Temple of the Dragon King) 等无不显

> “无不”的意思是没有一个不，双重否定表示肯定。
> 例：①听了这个故事，大家无不感动。
> ②人们无不清楚酒后驾车的后果。

示出龙是政权的象征。

中国历史数千年，龙是中国的象征、中华民族的象征、中国文化的象征，龙文化已渗透到中国社会的各个方面。对中国人来说，龙的形象不仅是一种符号，更是一种血肉相连的情感，“龙的子孙”“龙的传人”的称谓令中国人自豪、奋发。龙文化不仅在中华大地生根，还被远渡海外的华人传播到世界各地。中国人把各种美德和优秀的品质集中到龙的身上，如英勇善战、聪明多智、变化多端、法力无边等，还常把杰出的人物称为“人中之龙”。

在中国文化中，一切与龙相关的事物似乎都是吉祥的象征：天上的星宿(constellation)有龙星；地下的风水有龙脉；衣饰有龙袍；食物有龙虾、龙眼；建筑有龙亭、龙庭；交通工具有龙船、龙车；动物有龙马；植物有龙葵、龙柏；女婿可称乘龙快婿；男女成亲叫龙凤配；新生儿女叫龙子龙女；功成名就叫登龙门；元宵节有舞龙灯；端午节有赛龙舟等。关于龙的成语也很多，如藏龙卧虎、龙飞凤舞、龙蟠虎踞、龙潭虎穴、龙马精神、车水马龙、笔走龙蛇、龙吟虎啸、神龙见首不见尾、生龙活虎、望子成龙等。在中国，几乎每个省都有龙江、龙湖、龙山、龙泉、龙潭等带“龙”字的地名。

中国龙和西方的“dragon”都是想象出来的产物，但象征意义完全不同，不能混为一谈。

2. 凤凰

中国的凤凰(phoenix)传说起源于鸟，还有“鸾”“朱雀”“朱鸟”“鸾鸟”“玄鸟”之称。凤凰，雄的为凤，雌的为凰，古代曾有“凤求凰”的古琴(heptachord)曲。不过因为常把龙与凤并提，凤久而久之就被雌化了。

在成语词典里，有不少关于龙凤的成语。如“龙兴凤举”指振兴王业，“龙跃凤鸣”指人的才华超逸，“龙驹凤雏”指年幼聪慧，“龙章凤姿”指脱俗的文章。

凤凰的形象是鸡头、蛇颈、燕颔、龟背、五彩色，是一种集众多动物于一身的神鸟，象征吉祥和永生。在神话传说中，凤凰每次死后，全身会燃起大火，然后在烈火中获得重生，而且会获得比以前更强大的生命力，这叫“凤凰涅槃(nirvana)”。这样周而复始，凤凰获得了永生，因此凤凰也叫“不死鸟”。

凤凰是人们心目中的瑞鸟、神鸟，是最美丽、最尊贵的百鸟之王。古人认为，每逢太平盛世，就会有凤凰飞来，见到它则大吉大利，天下安宁，子孙昌盛，因此凤凰也是天下太平的象征。

凤凰还是皇家的象征。中国文化重视天地、阴阳观念，龙代表帝王、天、阳，凤就代表着后妃、地、阴。凤凰自古被视为富贵吉祥的象征。汉语有“望子成龙、望女成凤”的说法，中国女性的名字常带有“凤”字。这些都寄托了人们对美好生活的向往和愿望。

凤凰还比喻某些稀罕珍贵的事物，如成语“凤毛麟角”。有男有女的双胞胎或多胞胎叫“龙凤胎”。龙是力量的象征，凤是美丽的象征。

此外，中国人的衣食住行到处都有凤凰的身影。穿戴有凤冠、凤鞋、凤钗；吃有凤爪、凤翅；住有凤楼；出行有凤辇；乐器有凤箫；成语有龙飞凤舞、龙凤呈祥、凤毛麟角。从偏僻地区走出来发展并取得成功的女子，人们管她叫“山沟里飞出的金凤凰”。

3. 麒麟

麒麟是传说中的瑞兽、仁兽，是人们心目中的吉祥神兽，象征太平、长寿。人们认为它能带来福禄、丰年、长寿和美好。麒麟形状像麋鹿，但比麋鹿大，马蹄牛尾，头上有独角，雄的叫麒，雌的叫麟。

麒麟的出现被看成是圣贤 (sages and men of virtue) 降世的标志。因为它在世间难见到，所以常被用来比喻罕见的人才和事物。成语“凤毛麟角”就是这个意思。

传说麒麟在孔子降世时降临过，因此人们相信麒麟既可以送子，又可以佑子，于是“麒麟送子”在图画、祝祷及各种相关活动中常出现。麒麟送子图是一个童子骑着麒麟，麒麟角上挂着玉书，童子手中捧着莲花 (lotus flower) 和笙 (*sheng*, a reed pipe wind instrument，“笙”谐音是“生”)，由送子之神护送。有祈求众多聪慧仁厚的子女出世和祝愿子女健康成长的寓意。民间多以“麒麟儿”“麟儿”“麟子”等作为美词赞扬别人家的孩子。

人们还喜欢把麒麟的图案作为服装的纹饰和佩饰。人们把麒麟的工艺造像作为护身符 (amulet) 佩戴在身上，如孩子佩戴的“麒麟锁”寓意长命百岁。龙凤是帝后的象征，麒麟则是将相 (generals and ministers) 的象征，朝廷官员们的袍服上麒麟的图案也被广泛使用。在中国建筑的装饰图案中，麒麟也是常用的吉祥动物。

4. 龟

龟是现实中的动物，因为其长寿的特点而成为中国文化的瑞兽，自古以来被人们看作灵物、神物。古时人们把龟甲的上盖比作天，下盖比作地，认为龟背的纹理蕴藏着天意所授的不可知的内涵，因此常用龟甲占卜来判断人事的吉凶。

民间传说中，龟是一种忠厚善良的动物，象征着坚定不朽，墓碑 (tombstone) 上常以龟作为装饰物，古代陵墓 (tomb) 或庙堂 (imperial ancestral temple) 的石碑下常有石龟，象征着"万古长存"。汉代以来，用"龟龙"比喻人中豪杰。唐代妇女称丈夫为"金龟婿"。唐宋时代，宫殿台阶正中石板上雕有鳌 (huge legendary turtle) 的图案，鳌（áo）是传说中海里的大龟，凡是在科举 (imperial examination by which Chinese feudal dynasties from Sui to Qing selected candidates for civil and military posts) 中考中进士的人要在宫殿台阶下迎榜，第一名状元要站在鳌头处，因此称考中状元为"独占鳌头"，现在用这个词来比喻占据第一名的位置。

5. 鹤

古时人们认为鹤 (crane) 是仙禽，具有仙风道骨，常常作为仙人 (immortal) 的坐骑。道教 (Taoism) 将鹤编排为修炼 (cultivate vital energy) 升天成仙者的坐骑，有驾鹤成仙的传说。

鹤被人们看作吉祥、长寿的象征，民间常以"鹤寿""鹤龄""鹤算"等词语作为贺寿语。鹤洁白的羽毛让人联想起老寿星满头的白发，词语"鹤发童颜"形容长寿者或仙人的形象。民间为老人祝寿时，晚辈会献上有仙鹤图案的祝寿图，常见的有"松鹤长春""鹤鹿同春""鹤寿松龄"等。

6. 鹿

鹿也被人们认为是长寿的象征，鹿与仙鹤一起称为"鹿鹤同春"。"鹿"与"福、禄、寿"中的"禄"同音，象征功名利禄，鹿与蝙蝠一起称为"福禄双全"。

鹿还有群处的特点，人们以此比喻宾朋相聚，有以“鹿鸣”比喻宴会宾朋之乐之说。

鹿也是权力的象征。汉语中有“逐鹿中原”“鹿死谁手”的成语，两个成语中的“鹿”比喻帝位、政权，“逐鹿中原”指群雄并起，争夺天下；“鹿死谁手”比喻不知政权会落在谁的手里，现在泛指在竞赛中不知谁会取得最后的胜利。

7. 鱼

鱼自古就是吉祥物，最基本的象征意义是富裕，因为“鱼”与“余”谐音，象征着五谷丰登，年年有余。人们在过年过节的时候，喜欢张贴“年年有余”“富贵有余”“儿童抱鲤鱼”等吉祥图案，表达人们追求幸福富裕生活的美好愿望。人们宴请宾客，酒席上一般都会有一道用鱼做成的菜，象征“年年有余”。

古时还有“鲤鱼跳龙门”的传说，说的是每年春季有很多鲤鱼争先恐后地游到龙门山下奋力跳跃，越过龙门山的就会变成龙。后以此比喻科举考试得中（zhòng），能光宗耀祖，现在多比喻奋发向上而能改变命运。此外鱼还被赋予了生殖 (reproduction)、情爱等吉祥意义，鱼因为产籽很多而被作为象征家族繁衍繁盛的吉祥物。

8. 燕子

燕子 (swallow) 在古代被称为“吉鸟”，自古被视为吉祥物。民间认为，燕子在谁家房屋中或屋檐下筑巢，就预示着谁家家业兴旺发达、家人安康和睦。燕子还是事业发达、仕途顺利的象征。在明清时期，进士科考在杏花盛开的季节举行，因此“杏林春燕”的图案多为进士及第、学业有成的象征。

此外，燕子成双成对，共同筑巢，共同哺育幼燕，人们就以“燕侣”“燕俦”比喻夫妻和谐，以“双燕闹春”的图案表示婚姻美满。

9. 喜鹊

喜鹊 (magpie) 是吉祥鸟，人们看到喜鹊会认为有喜事降临。在吉祥图案中，两只喜鹊象征双喜，喜鹊和莲花在一起象征喜得连科，喜鹊和豹子在一起象征报喜，还有“喜上眉梢”“日日见喜”等常见图案。

10. 鸳鸯

古时人们认为，鸳鸯 (mandarin ducks) 的雄鸟和雌鸟形影不离，如果失去一方，另一方就不再寻找新的配偶，因此，鸳鸯被人们看作爱情忠贞、婚姻美满的象征。在结婚用品中常见的有“鸳鸯戏水”“鸳鸯戏荷”“鸳鸯长乐”等图案。

11. 蝙蝠

蝙蝠 (bat) 的“蝠”与“福”谐音，象征着福气、福运。常见的吉祥图案中，五只蝙蝠在一起，表示“天赐五福”，即长寿、富裕、健康、好善和寿终正寝；五只蝙蝠围着一个“寿”字，喻意“五福捧寿”，象征福寿双全；蝙蝠和铜钱画在一起，喻意“福在眼前”；一个孩子仰望飞翔的蝙蝠，叫作“纳福迎祥”。

12. 十二生肖中的吉祥意义

鼠：民间认为鼠能带来财运，有“五鼠运财”的说法，民间吉祥图案中有五鼠抱钱、拖钱、推钱等姿态。

牛：民间传说牛是来到人间帮助人类的天上神灵，给人类带来物质财富，因此牛是象征着五谷丰登的吉祥之物。

虎：虎是百兽之王，象征吉祥和地位，能驱邪避灾，保佑安宁。民间常以虎的兽面形状装饰在各种器物上，驱妖镇宅，驱邪避灾，并且把虎看作儿童的保护神，让孩子戴虎头帽、穿虎头鞋、睡虎头枕，以此保佑孩子安宁。

兔：民间认为兔温顺，善于守财。

龙：传统吉祥物。

蛇：被称为小龙。

马：马是威严和武力的象征。有传统的吉祥图画是猴骑在马上，“猴”与“侯”谐音，这幅图寓意是“马上封侯”，猴子骑在马上是“马上”，“马上”是“立刻”的意思，“侯”是中国古代五等贵族爵位的第二等级，这里指有权势的人，此图的意思是很快取得权势。汉语中有“一马当先”“马到成功”的成语。“一马当先”形容领先、带头，原指作战时骑马冲锋在前，也比喻工作走在前面，积极带头；“马到成功”形容事情顺利，一开始就取得胜利。

羊：人们认为羊勤劳、善良、安宁、美好，把“羊”与“祥”通用，象征吉祥。人们用“三阳开泰”来祝新年好运，在吉祥图中，三只羊仰望太阳就叫

“三阳开泰”。

猴：“猴”与“侯”谐音，象征升官。在吉祥图案中，一只猴爬到枫树上挂印，叫“封侯挂印”；一只猴子骑在另一只猴子背上，叫“辈辈封侯”。此外，猴子也代表着聪慧、健康和活力。

鸡：在中国人的观念中，鸡是具有“文、武、勇、仁、信”等五种品德的动物，民间认为鸡能驱邪逐鬼、排毒，是辟邪的吉祥之物。“鸡”与“吉”谐音，还是吉祥的象征。

狗：代表忠诚、聪慧、勇敢。

猪：代表财富和幸运。在民间传说中，猪是玉皇大帝养的神兽，人们相信猪能通神，是财富的象征。

二、祥瑞植物

1. 松：松 (pine) 耐寒耐旱，四季常青，在寒冷的冬天也枝叶翠绿，不怕霜雪，是吉祥永恒、健康长寿的象征。民俗祝寿词常说“福如东海长流水，寿比南山不老松”。在书画、器具、装饰中常有“松柏同春”“松菊延年”等吉祥图案。松、竹、梅在寒冷的冬天也能生长，被人们称为“岁寒三友”，比喻不怕严寒，不畏绝境，在吉祥图案中象征着高尚的气节。

2. 竹：古人把竹 (bamboo) 看作贤人君子，国画中常将松、竹、梅称为“岁寒三友”。

3. 梅：梅 (plum blossom) 在冬春之交开花，有“报春花”之称。梅素有傲霜雪的品格，梅花五瓣，象征五福：快乐、幸福、长寿、顺利、和平。竹还被比喻成丈夫，梅被比喻成妻子，在祝贺新婚的话语中常有“竹梅双喜”的贺词。

4. 梧桐：梧桐 (Chinese parasol tree) 被看作“灵树”，具有应验时事之能；还能知岁时，有“梧桐一叶落，天下尽知秋”的说法；传说梧桐的灵性能引来凤凰，凤凰是神鸟，只在梧桐树上栖息。祥瑞的梧桐常在图案中与喜鹊一起出现，谐音“同喜”，寓意吉祥。

5. 莲花：莲花的别名有荷花、水芙蓉、水华等。莲花与佛教渊源很深，佛教常以莲花自喻，莲花图案也成为佛教的标志。在中国，莲花被尊为君子 (man

of virtue)，人们认为它“出淤泥而不染”，这句话的意思是莲花从污泥中长出来，却不受到污染，象征着具有高尚的品格。莲有一蒂二花之花，称为“并蒂莲”，象征男女好合，夫妻恩爱。

6. 桂：桂 (osmanthus) 多生于中国南方，人们把桂看作祥瑞植物。桂花在农历八月开花，因此农历八月又称为“桂月”。因古时科举考试正处在七八月间，正是桂花开的时候，故用“折桂”借喻高中状元。“桂”谐音“贵”，有荣华富贵之意，旧时称子孙仕途昌达、尊荣显贵为“兰桂齐芳”。

7. 合欢：合欢 (silk tree, literally to enjoy bliss together) 夜合晨舒，象征夫妻恩爱和谐，婚姻美满，称为“合婚”树。“合欢”二字深深植入中国婚姻文化之中，有合欢殿、合欢被、合欢帽、合欢结、合欢宴、合欢酒、合欢杯等。

8. 葫芦：葫芦 (bottle gourd) 的枝蔓绵延，果实很多，被中国人看作象征子孙繁盛的吉祥植物。

9. 桃：人们相信桃 (peach) 有灵气。桃在农历三月开花，三月也叫“桃月”。中国神话中说桃树是追日的夸父的手杖化成的，因此桃有神异功能，能压制百鬼。古人多用桃木制做种种避邪用品，如：桃印、桃符、桃剑、桃人等。自从五代后蜀时期开始在桃木板上书写春联以后，至今春节民间仍有写春联的习俗，只是改用红纸为材料。端午节门上插桃枝，取避邪气之意。此外，桃果有“仙桃”“寿桃”之美称，这种说法来自神话西王母瑶池所种植的蟠桃三千年开花、三千年结果，吃了可增寿六百岁的传说。桃花艳丽娇媚，中国人还常以桃花比喻女人美丽的容貌，与女人有关的事也都常带“桃”字，如桃花妆、桃花运、桃色新闻，等等。

生词表 Words

1.	祥瑞	xiángruì	（名词）	auspiciousness
2.	先兆	xiānzhào	（名词）	portent
3.	神化	shénhuà	（动词）	deify
4.	主宰	zhǔzǎi	（名词）	domination

5.	专利	zhuānlì	(名词)	patent
6.	内涵	nèihán	(名词)	connotation
7.	专制	zhuānzhì	(形容词)	autocratic
8.	刚健	gāngjiàn	(形容词)	robust
9.	政权	zhèngquán	(名词)	political power
10.	渗透	shèntòu	(动词)	infiltrate
11.	功成名就	gōngchéng-míngjiù		achieve both success and fame
12.	想象	xiǎngxiàng	(名词)	imagination
13.	脱俗	tuōsú	(动词)	free from vulgarity
14.	周而复始	zhōu'érfùshǐ		go round and begin again
15.	稀罕	xīhan	(形容词)	rare, unusual
16.	偏僻	piānpì	(形容词)	remote
17.	朝廷	cháotíng	(名词)	royal or imperial court
18.	官员	guānyuán	(名词)	official
19.	纹理	wénlǐ	(名词)	texture
20.	蕴藏	yùncáng	(动词)	contain
21.	占卜	zhānbǔ	(动词)	practise divination
22.	功名利禄	gōngmíng-lìlù	(名词)	high official positions and material gain
23.	争先恐后	zhēngxiān-kǒnghòu		vie with each other (in doing sth.)
24.	光宗耀祖	guāngzōng-yàozǔ		bring honour to one's ancestors
25.	和睦	hémù	(形容词)	amicable
26.	仕途	shìtú	(名词)	official career
27.	形影不离	xíngyǐng-bùlí		be inseparable as body and shadow
28.	忠诚	zhōngchéng	(形容词)	loyal
29.	绝境	juéjìng	(名词)	desperate conditions
30.	气节	qìjié	(名词)	moral integrity
31.	渊源	yuānyuán	(名词)	origin
32.	绵延	miányán	(动词)	stretch (long and unbrokenly)

思考题 Questions

1. “龙”在中国传统文化中有什么象征意义？
2. 请说出一些动植物在中国传统文化中的象征意义。
3. 十二生肖在中国传统文化中有什么吉祥的意义？
4. 说出下列词语的含义：

凤毛麟角	独占鳌头	金龟婿
鹿死谁手	鲤鱼跳龙门	岁寒三友

第三节　诸神崇拜

民间崇拜是在历史发展过程中人们的一种神灵 (deity) 崇拜观念、行为习惯及仪式。受“万物有灵”观念的影响，中国的民间崇拜内容非常丰富，种类也很多，崇拜的对象包括自然、图腾 (totem)、俗神、祖先、行业人物等。民间崇拜自从人类文化开始以来，就已经普遍地发生在各个民族之中了。古代中国人之所以崇拜各种神灵，主要是为了解决心理、家庭、社会、自然环境等问题。古代人认为那些没办法以人的体能、智能解决的问题，只能求助于神明，人们希望获得神明的帮助和保佑。

> “之所以”后表示结果。
> 例：①我之所以来到中国，是因为想学习中国语言和文化。
> ②他之所以选择律师这个职业，是受了他父亲的影响。

一、自然崇拜

民间对自然的信仰主要是对自然神的崇拜，自然神指的是自然现象被人格化 (personify) 之后变成的神。在中国民间信仰中有许多自然神，我们这里主要介绍在中国古代比较有影响的一些自然神。

1. 天地崇拜

在中国，天是被当作一个实在的天体崇拜的，人们认为“天”是至高无上的，至今在民间还称“天”为“天公”“天老爷”。随着道教 (Taoism) 的发展，“天”逐渐由“玉皇大帝”代表，是诸神之首，如同人间的皇帝，民间简称“玉皇大帝”为“玉皇”或“玉帝”。人们认为，玉皇大帝掌管一切神、佛、仙、圣、人、鬼的事务，是神圣而万能的，人们在生活中遇到什么事都会祈求玉皇大帝保佑。

古人们的生活非常依赖土地，因此产生了“后土崇拜”。后土是主宰大地山川的女性神，称为“后土娘娘”，她掌阴阳，育万物，被称为“大地之母”。

民间对天、地的崇拜体现在诸多的习俗中。比如，在婚姻礼俗中，新婚夫妇在结为夫妻之前，一定要先拜天地，以天地为证，保佑他们白头偕老，永不分离。

2. 日月星辰崇拜

对日的崇拜是对“日神”或“太阳神”的崇拜。与世界各国一样，中国很早就出现了对日神的崇拜。中国民间流传着各种关于太阳的神话，同时有各种祭日活动。

远古时代人们也崇拜月神，每年农历八月十五日是最重要的祭月日。传说这一天是月亮神的生日，同时也是中国民间的传统佳节——中秋节。一直以来，中秋节被人们看作全家团圆的节日。中秋祭月，是向月神表示敬意和祈福。

中国民间也崇拜星辰，认为星辰具有神秘力量。中国各民族自古以来认为“天上一颗星，地上一个人”，意思是地上每降生一个人，天上就多添一颗星，每死去一个人，天空就落下一颗星。在民间信仰中，天上众星体的大小、亮度强弱的不同与人间的生老病死、贫富贵贱、吉凶祸福有对应关系，于是又形成星相 (horoscope) 学说。比如，民间把对各种形态的彗星俗称为“扫帚星”，认为它们是不吉利的灾星。

3. 风雨雷电崇拜

古时人们不能理解风、雨、雷、电等自然现象产生的原因，认为它们分别由风伯、雨师、雷公和电母等神灵在主管。

风伯就是风神，是人面鸟身的天神，主要配合雨神、雷神来帮助万物生长。

雨师也就是雨神。后人对雨神有多种看法，有的认为雨神是龙，有的认为是一种叫“商羊”的鸟，有的认为是仙人赤松子，等等。民间认为龙王 (Dragon King) 是行雨管水的神灵，所以普遍流传祈求龙王降雨的习俗，人们也向它祈求风调雨顺、五谷丰登，因此龙王庙遍布天下。

雷公又称雷神或雷师，是古代神话传说中的司雷之神，它还是行雨之神，人们在求雨中也常祭祀雷公。雷巨大的震响声引起了人们的敬畏，因此人们认为雷公能辨别善恶，主持正义，惩罚恶人，人们诅咒仇人或对人发誓时常说“遭雷劈”“遭电击”“天打五雷轰”等。民间有举行雷神会、雷王祭等祭雷的习俗。

电母是神话传说中雷公的妻子，主要掌管闪电。电母是从雷神信仰中分化出来的，早期雷神兼管雷电，有“雷公电父”之称，后来，按照人们阴阳对立及男女配对的心理特征，电父变为女性，称为“电母”。

4. 水火崇拜

中国古代官方祭祀的河神，主要有黄河、济水、淮河、长江，称作“四渎”，各地的江河也有自己祭祀的江神、河神，因此有各种各样的水神崇拜。比较有名的水神是共工和河伯。

共工是中国上古传说中的人物。据说共工氏姓姜，是炎帝的后代。共工氏是神农氏以后一个为发展农业生产做出过重要贡献的人。他发明了筑堤蓄水的办法。关于他的传说，几乎全与水有关，最有名的故事是“共工怒触不周山”。

河伯是中国古代神话中的黄河水神，原名冯夷。据说他过河时被淹死了，就被天帝任命为河伯来管理河川。河伯是中国古代最有影响的河流神，人们最初的信仰目的是为了防止水患，后来逐渐变成祈求风调雨顺。在民间中，关于“河伯娶妻”的传说故事被广为流传。

火神崇拜也是民间的普遍信仰，不过对于火神的来历有不同说法。

一说火神是祝融。帝喾（Kù）（传说是黄帝的曾孙）当政时，他管理火种有功绩，帝喾就称他为“祝融”，他死后被封为火官之神。

一说火神是阏伯。传说他是帝喾的儿子，他有一个弟弟叫实沈，二人关系不好，帝喾就把他们分开，阏伯被封到商丘管理火种，因其建立了很大的功绩而被尊为“火神”。实沈被封到大夏，主管参星。二人后来成为神星，阏伯被称为商星，住在东方，实沈被称为参星，住在西方，两颗星分别升起落下永不相见，后来比喻兄弟关系不好时常用到“兄弟参商”这一成语。

5. 山崇拜

在中国民间信仰中，每座山都有山神。在所有山神中，泰山神东岳大帝可以说是最有名的山神。在古代传统中，中国的五岳是天下名山之首，包括东岳泰山、中岳嵩山、西岳华山、南岳衡山和北岳恒山，泰山是五岳之首，古称岱宗。许多帝王都曾到泰山封禅 (offer sacrifices to heaven and earth on Mount Tai)，祭告天地，汇报政绩。祭祀泰山神的东岳庙遍及全国各地。

6. 动物崇拜

中国民间对动物的崇拜主要有“五大仙”，“五大仙”包括狐仙（狐狸，

fox)、黄仙（黄鼠狼，yellow weasel）、白仙（刺猬，hedgehog)、柳仙（蛇）和灰仙（老鼠）。人们认为，如果谁侵犯了它们，它们就会惩罚谁；如果谁敬奉它们，它们就会保佑谁。

狐仙即狐狸。五千多年前，中国民间就有大禹治水时曾娶九尾白狐（涂山氏的女儿）为妻而生下夏代第一位君主启的传说故事，*说明那时中国人就已经把狐狸看作吉祥动物而加以崇拜了。*民间普遍认为狐狸有灵性，能作妖也能成仙，能报德，也能复仇，人们还喜欢把狐狸想象为善良多情而浪漫的女人。民间传说中或文人墨客笔下的“狐狸精”大多是美丽的女子，如清代有名的小说《聊斋志异》中就有不少关于狐仙的描写。不过，后人多将“狐狸精”贬为勾引男人的不正派女人。

> “加以”用在动词前，表示如何对待或处理前面提到的事物。
> 例：①这个问题要尽快加以解决。
> ②他对这段时间的工作安排加以说明。

人们对蛇仙的崇拜也来自远古，传说伏羲（xī）和女娲都是人首蛇身的神人。蛇常常被认为是龙的化身，因此十二生肖中属蛇的人会说自己属小龙。人们认为蛇有灵气，法力比狐狸还要大，也能变成人形。民间传说《白蛇传》就将白娘子和小青描写成善良可爱的蛇仙。

人们认为老鼠有很高的智慧，所以把鼠的世界想象成与人世间一样，还为此创造了许多民间故事和艺术作品，其中在杨柳青年画、泥人张彩塑及剪纸等民间艺术作品中都有根据《老鼠嫁女》《老鼠娶亲》等民间故事创造的艺术作品。

黄仙指黄鼠狼，被民间叫作“黄二大爷”，它被人崇拜有两个原因：一是因为它同狐狸一样体态，颇为美丽而又性情狡猾，使人感到神秘；另外一个重要原因是人们认为它可以左右人类的精神世界。

白仙指刺猬，民间将它当作进财、防病的吉祥物。

7. 植物崇拜

在民间的自然崇拜当中，植物崇拜也是一个重要的方面。

在先民的原始崇拜中，因林木具有同山川相似的神性而成为人们祭祀的对象，并且占有重要的位置。此时上古不论天子、诸侯、大夫、百姓，必各自立“社”以奉神，而“社”通常的标志即是“社树”“社林”。“社树”“社林”作为土神乃至祖先神的象征，在上古社会中具有崇高的地位。

在民间信仰中，信仰范围广的植物神是花神。中国民间把农历二月初二看作花王诞辰日或是百花生日，成为“百花节”或“花朝节”，相传这一天，百花盛开为花神祝寿，此时人们大多会外出赏花。民间传说中还有十二花神，民间说法不一，常见的说法是一月梅花，二月杏花，三月桃花，四月牡丹花，五月石榴花，六月莲花，七月玉簪花，八月桂花，九月菊花，十月芙蓉花，十一月茶花，十二月水仙花，每个月的花神都是一位中国历史上有名的美女，如二月花神杨玉环、六月花神西施、十月花神貂蝉、十一月花神王昭君就是中国历史上有名的四大美女。

二、民间俗神崇拜

民间所信仰崇拜的俗神很多，包括与人类生活相联系的各方面的神灵崇拜，如：起居家保护作用的门神，帮助繁衍子孙的送子神灵，为人们带来好运的福、禄、寿、喜、财神，医治人间病痛的药王诸神等。

1. 土地神

土地神俗称土地爷爷、土地公公，是须发皆白、和蔼可亲的一位老翁的形象。土地神是民间信仰中最为普遍的俗神之一。民间几乎每个村社都有土地庙，人们祭祀土地神是为了祈福、保平安、保收成。

2. 福、禄、寿神

中国民间信仰的福神比较有名的是赐福天官。“赐福天官”的年画在新年时非常常见，年画中的赐福天官双手展示“天官赐福”的条幅 (scroll)，又有蝙蝠在上面飞翔，喻意是天降吉祥，人间得福，表达了人们渴望天官赐福、财神送财的强烈愿望。春节习俗中，绝不可以少了“福”字，而且有时将福字倒过来贴，取“福到”“到福”之意。

禄神是掌管文运官运、功名利禄的吉祥神，禄是古代官员的薪俸 (salary)。禄神不但受到官场人士的敬奉，也受到崇尚文化的老百姓的喜爱，是民间的吉祥神，也是文神。因为信仰禄神，人们对梅花鹿也很崇拜，因为“鹿”与“禄”谐音。在中国画或年画中，人们常画梅花鹿来象征禄，比如“福禄寿三星图”就是画一个老寿星骑在一只鹿上，上空飞着蝙蝠。

寿神是主宰人们寿夭（yāo）的吉祥神，寿神的原形是天上的南极仙翁，许多年画都有他的画像。南极仙翁是一个大脑袋，宽脑门，大耳朵，长胡须，短身材，扶着一把高过头的曲杖站立，满面笑容、和蔼可亲的老人。

3. 财神

财神，是主宰人世间金钱财运的神灵，民间将财神分为文、武两种：文财神是比干（gà）和范蠡（lǐ）；武财神是赵公明。

传说比干是商纣王的叔父，因直言相谏纣王而遭到迫害，被纣王挖去了心。他虽然没有心，但因吃了仙人送的仙丹 (elixir of life)，并未死去。正因为他无心，也就无偏无向，办事公平，因而人们将他看作公正无私的君子。

范蠡足智多谋，是春秋时期越王勾践手下的大臣。他帮助越王取得成功后到齐国经商并且发了大财，他将赚来的大量钱财都分给亲朋好友。人们认为范蠡既能聚财，又能散财，这是难能可贵的，所以敬他是文财神。

武财神赵公明是汉代张天师的徒弟，守护道教的祭坛。民间认为他能主迎祥纳福，除瘟去症，消病去灾，所以尊他为"正财神"，许多商店、住宅都供奉他的神位。

4. 文曲星

民间认为文曲星是专门管理人间读书和文人功名的神，文章写得好而被朝廷录用为大官的人都是文曲星下凡。各地都建有文昌宫、文昌阁或文昌祠，一些乡间书院 (academy established in various localities since the Tang Dynasty for studies and lectures) 和私塾 (private school) 也都供奉文昌神像或神位。同时，文昌星也是刻字、书店、文具店、说书、抄纸的行神，所以昔日书商公会就叫作"文昌会馆"。

5. 门神

门神是民间最受欢迎的俗神之一。最初的门神是两个用桃木雕成的神像，分别是传说中会捉鬼喂虎的神荼（tú）和郁垒的化身。两千多年来，门神的形象多变，继最初的神荼、郁垒之后，又出现了专门吃鬼斩鬼的门神钟馗（kuí），以后又陆续把著名的隋唐武将秦琼、尉迟恭等人当作门神，叫武将门神。为满足人们升官发财、多子多福、福寿延年的需求，后来又相继出现众多的文官门神和祈福门神。经历朝代变迁，门神已成为多功能的保护神，具有驱邪魔、卫家宅、保平安、助功利、降吉祥等能力，历久不衰，至今在民间仍很盛行。

6. 月下老人

月下老人又称“月老”，是中国神话传说中专管婚姻的神。传说人间谁与谁能成夫妻，都是月下老人事先用红绳系足选定的。古书上说他一手拿着红丝，一手翻着婚姻簿，给天下的男子和女子指定婚姻。现在，“月下老人”成为“媒人”的代名词，民间不少地方都有月老祠。

7. 妈祖

妈祖本名林默，福建人，生于北宋。传说她虔信神佛，可预知征兆祸福，被人称作“灵女”。十六岁以后，林默开始救助海上遇难的船只和渔民。不幸的是，在一个暴雨天，林默在海上抢救遇险船民，被台风巨浪卷走。为了纪念林默，人们在湄州岛上立庙来祭奉她。后来，她成为深受人们爱戴的女神——妈祖。妈祖庙和妈祖信仰便在北自天津、南到台湾、南洋的沿海地区流行起来。人们在海上遇到风暴、海匪的时候，总是祈求妈祖保佑。

8. 八仙

八仙是道教尊崇的八位仙人的合称，他们分别是李铁拐、汉钟离、张果老、何仙姑、蓝采和、吕洞宾、韩湘子、曹国舅。“八仙过海”的故事在中国家喻户晓，说的是有一年西王母举办蟠桃大会，八仙在宴会上喝醉了，辞别西王母后，乘着酒兴，用各自的宝物浮渡东海回家。东海龙王的儿子摩揭看中了蓝采和用来渡海的踏拍板，就把它抢夺过来，并抓走了蓝采和。这引起了八仙的不满，双方展开一场恶战，八仙斩掉摩揭，并火烧东海。东海龙王向玉皇大帝告状，玉皇大帝就派天兵天将捉拿八仙。结果天兵天将也被八仙打败。最后在如来佛和观音的调解下，双方才停战。

汉语中有一个成语叫“八仙过海”（也可说“八仙过海，各显神通”），本意是八仙过海时不用舟船，各用宝物、法术渡海，比喻做事各有各的一套办法，或各自拿出本领互相比赛。

9. 关羽

关羽，字云长，是三国时蜀国的大将，俗称“关公”。他生前英勇且讲义气，忠贞不二，因此人们敬爱他，奉他为“关帝”。人们还普遍相信关帝具有司命禄、佑科举、治病除灾、驱邪避恶，乃至招财进宝、保佑商贾等多种能力，对他非常崇拜。很多地方建有关帝庙，香火 (joss sticks and candles for one's ancestors) 一直很盛。

关于关羽的故事有很多，“桃园三结义”和“身在曹营心在汉”是其中有名的两个故事。

桃园三结义：东汉末年，时政混乱，刘备、关羽、张飞三人想共同干一番事业，最后在一个桃园结拜成兄弟。三人中刘备年长做了大哥，关羽第二，张飞最小做了弟弟，这便是著名的“桃园结义”。千百年来人们一直传诵着这个故事，也有很多人效仿着他们焚香结义。现在“桃园结义”这个词有结拜兄弟、共同谋事的意思。

身在曹营心在汉：东汉末年，刘备被曹操打败，关羽与刘备失散后被俘，曹操对关羽很关心，送他宅院、美女、战袍及宝马，并给他官职，关羽却不动心，一心想回到刘备身边。曹操手下一个叫张辽的人问他为什么身在曹营心在汉，关羽说他与刘备是结义兄弟，有过生死誓言，自己不会背叛他。最后关羽想尽办法与刘备、张飞相聚。后来“身在曹营心在汉”常用来比喻人的身子虽然在对立的一方，但心里仍然想着自己原来所在的一方，这种忠贞不二的气节。

10. 阎王

阎王 (King of Hell) 是“阎罗王”的简称，原是佛教中主宰地狱 (hell) 的一位冥神，传入中国后成为民间广泛信仰的众鬼王，是主管地狱的十位阎王的总称。他管理阴间的诸神，审判人生前的行为并给予相应的惩罚。

11. 黄大仙

黄大仙生于东晋时期，原名黄初平，浙江人。相传他十五岁那年被一位仙翁带走去修道，他得道之后在民间惩恶除奸，劝善扬善，赠医施药，有求必应。后人为纪念他，在浙江金华北山建立起金华观，这就是最早的黄大仙庙。现在，黄大仙庙分布在世界各地，香港、南洋、美国、广州等地都有。香港的黄大仙庙香火很旺，每逢农历初一、十五都有很多人前来祭拜。

三、祖先崇拜

祖先崇拜是鬼灵信仰和民族观念结合的产物，在民间信仰生活中占据重要的位置。人们相信自己的祖先灵魂不灭，在另一个世界里注视着后代儿孙的一切，可以保佑自己家族兴旺发达，人丁繁盛。因此，追念祖灵，祈求祖先在天之灵庇佑本族子孙后代便成为祖先崇拜的最重要的目的。

1. 伏羲

伏羲，中华民族人文始祖，是中国古籍中记载的最早的王，被尊为“三皇”之首。相传，他的母亲名叫华胥氏，是一个非常美丽的女子。有一天，她去雷泽郊游，在游玩途中发现了一个大大的脚印。由于好奇，她将自己的脚踏在大脚印上，后来就有了身孕。她一怀孕就怀了十二年，最后生下了一个人首蛇身的孩子，这就是伏羲。伏羲根据天地万物的变化，发明创造了八卦 (Eight Trigrams)，就是用八种简单却寓意深刻的符号来概括天地之间的万事万物，八卦成了中国古文字的发端，也结束了“结绳纪事”的历史；他又结绳为网，用来捕鱼打猎，同时教人们驯养野兽；他创作乐曲、歌谣 (ballad)，将音乐带入人们的生活；他变革婚姻习俗，使血缘 (ties of blood) 婚改为族外婚，改变原始群婚 (communal marriage) 状态；他任命官员，将他统治的地域分开治理；他还创制古代历法，等等。他的出现，标志着中华文明的起始。民间也留下了大量关于伏羲的神话传说。

2. 炎帝

炎帝，传说中上古时期姜姓部落的首领，又称神农、赤帝、烈山氏。他教百姓耕种五谷，促进了农业生产的发展；他分昼夜，定日、月，一月为三十日；他尝遍了各种药材，用中草药救活了很多人并奠定了中医学的基础；他教百姓用麻桑制成布帛衣裳；他发明以日中为市、以物换物的市场，开创了中国货币、商业发展的起源；他制作陶器，使人们可以对食物进行加工；他制造了弓箭，能防止野兽的袭击，保卫人们的生命安全；他发明了五弦琴，教百姓娱乐且知礼仪，等等。可以说，炎帝是中国农耕文化的开创者。炎帝死后，后人建立了炎帝祠或神农祠。

3. 黄帝

黄帝，姓公孙，名叫轩辕，后来他继承了有熊国君的王位。又因为他以土德 (In ancient times, five elements: gold, wood, water, fire and earth which promote and restrain each other are used to explain the destiny of a dynasty. The earth represents neutrality and impartility. An emperor, who is known for these qualities, is called Earth Emperor) 称王，土色为黄，因此称作"黄帝"。黄帝一生的重大贡献就在于经过多场战争后统一了三大部落，使中华民族告别了野蛮时代，是中华民族第一帝。中国人把黄帝和炎帝尊为中华民族的始祖，并自称是"炎黄子孙"。

四、行业神崇拜

在民间信仰中还包括较大一部分行业职能神的崇拜，世俗信仰的职业神如木匠行的鲁班、医药行的孙思邈、纺织行的黄道婆等。但中国老百姓一般把他们看作某种行业的祖师爷，其神灵的色彩并不浓厚。

1. 杜康

杜康又名少康，夏朝人，是中国历史上第一个奴隶制国家夏朝的第五代君主，前文已经讲过关于少年杜康发现自然发酵的原理，后来形成了一套完整的酿酒工艺的传说。他所造的酒因此叫"杜康酒"，从那以后，中国远古时候的酿酒事业开始出现了。人们为了纪念杜康，便将他尊为酿酒始祖。后世许多文人写了很多关于杜康酒的名诗名句，最有名的是曹操在《短歌行》中吟咏的"慨当以慷，忧思难忘，何以解忧，唯有杜康"的千古绝唱。

2. 鲁班

鲁班，姓公输，名般，因为他是鲁国人，"般"和"班"同音，古时通用，因此人们常称他为"鲁班"。鲁班在手工机械、木工工具、土木建筑等方面有很多发明创造。他是中国古代优秀的手工工匠和发明家，被土木工匠们视为祖师爷，是匠神，也是中国名声最大、影响最久的行业神。

3. 蚕神

蚕神是中国古代传说中的司蚕桑之神，传说中著名的蚕神有三位。

最早的一位蚕神是嫘（Léi）祖，她是黄帝的正妻，最先开始养蚕 (silkworm)

造丝，人们尊奉她为“先蚕”并加以祭祀。第二位蚕神是马头娘，其形象多为一女人披马皮，或一女人骑马，她是中国民间供奉最多的蚕神。第三位蚕神是青衣神，他是蜀 (another name for Sichuan Province) 地民间信仰中的蚕神，传说他是古代蜀王，曾穿着青衣教人种桑养蚕，死后被尊为青衣神。中国是最早发明种桑饲蚕的国家，蚕桑占有重要地位，所以人们对蚕神有着很高的敬意。自古以来，无论是宫廷还是民间，对蚕神的祭祀仪式都十分隆重。

4. 药神

药王诸神是为人们解除病痛并制造出灵丹妙药的神灵，民间传说中的药王主要是扁鹊、邳（Pī）彤、华佗、孙思邈等四人。

扁鹊是战国时期的名医。由于医术高超，被当时的人们借用上古神话中神医“扁鹊”的名号来称呼他。扁鹊创造了中医学的望闻问切的诊断方法，开启了中医学的先河，相传有名的中医典籍《难经》就是他所撰写的。

邳彤是东汉名医，能文善武，精通药理，人称“药王邳彤”。宋徽宗于1101年始为邳彤立“药王庙”，供世人纪念。经历代重修，至今河北省安国县的“药王庙”仍是全中国最大、最著名的药王庙，香火非常兴盛。

华佗，名敷，字元化，东汉末期杰出的医学家，他在内、外、妇、儿各科的临证诊治中，曾创造了许多医学奇迹，尤其以创麻沸散、行剖腹术、体育疗法“五禽戏”闻名于世。后世每以“华佗再世”“元化重生”来称誉医学名家，可见其影响深远。

孙思邈是唐代著名道士、医药学家。他著的《千金要方》及《千金翼方》被誉为中国古代的医学百科全书，对中医学发展影响极大。人们很崇敬孙思邈，故称他为“药王”“真人”“药圣”。

生词表 Words

1.	求助	qiúzhù	（动词）	resort
2.	白头偕老	báitóu-xiélǎo		(of husband and wife) live together to a ripe old age
3.	贵贱	guìjiàn	（名词）	people of high or low social status

4.	主管	zhǔguǎn	（动词）	be in charge of
5.	风调雨顺	fēngtiáo-yǔshùn		with timely winds and rains
6.	遍布	biànbù	（动词）	spread all over
7.	敬畏	jìngwèi	（动词）	revere
8.	诅咒	zǔzhòu	（动词）	curse
9.	发誓	fāshì	（动词）	swear (an oath)
10.	功绩	gōngjì	（名词）	achievement
11.	侵犯	qīnfàn	（动词）	infringe upon
12.	勾引	gōuyǐn	（动词）	seduce
13.	正派	zhèngpài	（形容词）	upright
14.	颇	pō	（副词）	very
15.	收成	shōucheng	（名词）	harvest
16.	足智多谋	zúzhì-duōmóu		wise and resourceful
17.	调解	tiáojiě	（动词）	mediate
18.	结拜	jiébài	（动词）	become sworn brothers
19.	效仿	xiàofǎng	（动词）	imitate
20.	动心	dòngxīn	（动词）	be tempted
21.	审判	shěnpàn	（动词）	judge
22.	变革	biàngé	（动词）	transform
23.	货币	huòbì	（名词）	currency
24.	后世	hòushì	（名词）	later periods (in history)
25.	先河	xiānhé	（名词）	precursor
26.	深远	shēnyuǎn	（形容词）	profound

思考题 Questions

1. 中国人崇拜哪些自然神？

2. 中国人崇拜的俗神中，西王母、文曲星、八仙、关羽、黄大仙各有什么故事？

3. 中国人崇拜的祖先有哪几位？他们有什么事迹？

4. 中国人崇拜的行业神中，扁鹊、华佗、孙思邈各有什么事迹？

第五章 民间神话与传说

第一节　民间神话

神话产生于原始氏族 (clan) 社会，由于当时生产力低下，人们对很多自然现象和社会现象不能理解，于是就用想象、幻想来加以解释，以故事的形式来表现对自然、社会现象的认识或征服自然、变革社会的愿望。中国神话非常丰富，许多神话保存在《山海经》《淮南子》等古代著作中，不过记载都比较简略。神话中的主人公包括各种自然神和英雄人物。

一、盘古开天辟地

传说在天地还没有开辟以前，世界没有天，没有地，像一个大鸡蛋，其中睡着一个人，他叫“盘古”。盘古一直睡了大概一万八千年才醒来，发现周围一片黑暗。他想伸展一下身体，但被包得紧紧的，很不舒服。于是他拔下自己的一颗牙齿，把它变成威力巨大的神斧，抡起来用力向周围劈砍，一阵巨响过后，“鸡蛋”中一股清新的气体散发开来，慢慢升到高处，变成天空；另外一些浑浊的东西缓缓下沉，变成大地。从此，世界分成了天和地，天空高远，大地辽阔。盘古担心天地会重新合在一起，于是用自己的身体顶住天空。他的身体在一天之内变化了九次。每当盘古的身体长高一尺，天空就增高一尺，大地也向下增厚一尺。经过一万八千多年的努力，盘古变成一位顶天立地的巨人，而天越来越高，地越来越厚，盘古的身体也长得有九万里那么高了。不知又过了多少年，终于天不能再高了，地也不能再厚了。这时，盘古长长地吐出一口气，慢慢地躺在地上死去了。

盘古临死前，他嘴里呼出的气变成了轻风和白云；声音变成了天空的雷霆(thunderclap)；左眼变成太阳，右眼变成月亮；千万根头发变成一颗颗星星；鲜血变成江河湖海；肌肉变成千里沃野；骨骼变成树木花草；筋脉变成道路；牙齿变成石头和金属；汗水变成雨露。盘古生前开天辟地，死后化成万物，成为中华民族崇拜的英雄。

二、女娲造人

虽然盘古开辟了天地，用身体造出日月星辰、山川草木，但有一位叫女娲的女神总觉得还缺少些什么，心中有一种说不出的寂寞。她坐在一个池塘旁边，低头望着池塘中自己的影子，忽然明白了，原来是世界上缺少一种像她一样的生物。她马上用手在池边挖了些泥土，加上水，照着自己的影子捏了起来，最后捏成模样与自己差不多的小东西，她把这些小东西叫作“人”。人被女娲造出来后，世界热闹了很多，女娲一下子就觉得不再寂寞了。她决定造出更多的人，就用一条藤蔓 (vine) 沾上泥浆向地上挥洒，挥洒出的点点泥浆变成一个个小人，与用手捏成的小人模样相似，这样大地上就到处都有了人。不久女娲觉得很累，她想到，如果要使世界上一直有人，岂不要永远不停地制造？因此她参照世上万物传宗接代的方法，让人类也男女相配，繁衍后代。之后她又建立了婚姻制度。后人把女娲奉为“神媒”。

> “岂”表示反问。
> 例：①他常常说假话，大家岂会相信他？
> ②你一人在国外生活，岂不是很寂寞？

三、共工怒触不周山

日月星辰为什么会东升西落？江河为什么都东流入海？传说这都是因为水神共工撞断天柱而造成的。

共工是炎帝的后裔，是掌管江河湖海的水神，他很爱护百姓。当时天地间有一位残暴的统治者——天帝颛顼（zhuānxū），他在执政期间施行了许多暴政，还把太阳、月亮、星星都系在北方的天空上，使北方非常明亮炎热，而南方却永远黑暗阴冷，使人们遭受了很多苦难。这时水神共工勇敢地站了出来，要为解除人们的苦难而战斗。双方一路拼杀，最后打到了不周山的山脚下。不周山地处西北方向，是一根通天的擎天柱。在这里，共工一看无法取胜，便决心牺牲自己为天下百姓造福。他驾起飞龙升到半空，猛地一头向不周山撞去。不周山被拦腰撞断了，整个世界随之发生了巨大变化：西北面的天空因为没有了不周山的支撑而倾斜下来；日月星辰不再固定在北方了，而是每天从东边升起，向西边降落，昼夜交替一次；东南面的大地陷了下去，形成了西高东低的地势，江河的水都向东流入大海。这样一来，大地上的人们脱离了极昼极夜的苦日子，过上了正常的生活。共工的壮举得到了人们的尊敬。他死后被人们奉为"水师"，他的儿子后土也被奉为"土地神"。后来人们发誓时常说"苍天后土在上"，指的就是他的儿子后土，由此可见人们对他们父子的敬重。

四、女娲补天

共工怒触不周山后，西北面的天空因为没有了不周山的支撑而倒塌下来，女娲决心炼石以补苍天。她选择了东海之外的一座海上仙山——天台山，因为只有天台山才有炼石用的五色土，是炼补天石的好地方。女娲在天台山用九天九夜，炼成了五色巨石36501块，又用九天九夜，用36500块五彩石把天补好，剩下的一块遗留在天台山中汤谷的山顶上。

天补好后，女娲把将背负天台山的神鳌的四只足砍下来支撑四极，可是天台山要是没有神鳌的负载，就会沉入海底，于是女娲将天台山移到东海之滨的琅琊（lángyá），就是今天日照市涛雒（tāoluò）镇一带。至今天台山上仍然留有女娲补天台的遗址，还有号称补天剩下的五彩石，后人称之为"太阳神石"。

五、夸父逐日

远古时候，在北方荒野中生活着一群力大无穷的巨人，他们的首领叫夸父。有一年，天气非常热，树木河流都干枯了，人们热得难以忍受，夸父族的人纷纷死去。夸父看到这种情景很难过，他对族人说："太阳实在是可恶，我要追上太阳，捉住它，让它听人的指挥。"族人听后，有的人

> "难以"意思是不容易，不易于。
> 例：①大家难以理解这件事。
> ②他难以承受工作的压力。

说："你千万别去呀，太阳离我们那么远，你会累死的。"有的人说："太阳那么热，你会被烤死的。"但夸父对族人说："为了大家的幸福生活，我一定要去！"夸父告别族人，从东海边上向着太阳升起的方向追去。经过九天九夜，在太阳落山的地方，夸父终于追上了它。可是太阳非常炽热，夸父感到又渴又累，就向北跑去，想到那儿的大泽 (lake) 喝水解渴。但是，他还没有跑到大泽就倒在半路上渴死了。夸父临死的时候心里充满遗憾，他还想着自己的族人。于是他将手中的木杖扔出去。木杖落下的地方，顿时生出大片桃林。这片桃林终年茂盛，为往来的过客遮荫，桃树结出的鲜桃还能给人们解渴。

> "千万"意思是表示恳切地叮嘱，用于祈使句。
> 例：①你一个人出门旅行千万要小心。
> ②他的话你千万别放在心上。

六、后羿射日

在远古时候，天空曾经有十个太阳。它们每天一换，轮流穿越天空，给大地万物带来光明和热量。人们也日出而作，日落而息，生活美满。可是，有一天，这十个太阳一起周游天空，十个太阳一起放出的热量烤焦了万物，人们陷入苦难之中。有个叫作后羿的年轻人，他是个神箭手，射出的箭百发百中。他看到人们生活在苦难中，便决心射掉那多余的九个太阳。他吃了很多苦终于来到东海边。后羿登上一座大山，拉开弓箭，一连射掉了九个太阳，只留下一个太阳，让它继续挂在天上，温暖着人间，使万物得以生存。后羿因为射杀多余的太阳，拯救了万物，被天帝赐封为天将。他后来与仙女嫦娥结为夫妻，生活得美满幸福。

> "得以"意思是可以、能够。
> 例：①老师的帮助让她的愿望得以实现。
> ②自信、努力和坚持使他得以成功。

七、精卫填海

炎帝有一个女儿，叫女娃。有一次炎帝不在家时，女娃一个人驾着一只小船向东海太阳升起的地方划去。不幸的是，海浪把女娃的小船打翻，女娃落入海中死了。女娃死后，她的灵魂化作一只小鸟，发出"精卫、精卫"的悲鸣，所以，人们把这只鸟叫作"精卫"。精卫痛恨无情的大海夺去了自己年轻的生命，因此，她一刻不停地从她住的发鸠山上衔来小石子，把石子投入大海中，如此往复，想把大海填平。她衔呀，扔呀，一直飞翔，从不停息。后世人们也常常以“精卫填海”比喻意志坚定、不畏艰难的精神。

八、大禹治水

尧在位的时候，黄河流域发生了很大的水灾，他派鲧（Gǔn）去治水。鲧花了九年时间治水，没有把洪水制服。鲧就偷了天上一种叫“息壤”的土来治水。天帝知道了非常生气，命令火神将鲧处死。鲧临死前告诉儿子禹一定要把水治好。禹没有沿用父亲“水来土挡”的做法，而是带领群众凿开龙门，挖通了九条河。经过十年的努力，他们终于把洪水引到大海里去了。禹为了治水付出很多，他和老百姓一起劳动，到了三十多岁还没结婚。后来他在涂山遇到一个名叫女娇的姑娘，两人相爱并成了亲。新婚仅仅四天，禹就离开家去治水了。他到处奔波，三过家门而不入。禹后来成为了中国第一个王朝——夏朝的建立者。传说大禹治理黄河时有三件宝：一是河图，据说是黄河水神河伯授给大禹的；二是开山斧；三是定海神针。

九、仓颉造字

相传仓颉（jié）在黄帝手下当官，专门管理牲口和食物。为了记录牲口和食物的数量变化，仓颉先是在绳子上打结，用各种颜色的绳子，表示不同的牲口、食物，用绳子打的结代表不同的数目。后来他又想到了在绳子上打圈圈，在圈子里挂上各式各样的贝壳，来代替他所管的东西，增加了就添一个贝壳，减少了就去掉一个贝壳。*这方法挺有用，他一连用了好几年。*但是他管的事情越来越多，原来的方法都不好用了。有一天，他走到一个路口时，看到几个老人通过辨认地上野兽的脚印来决定走哪条路，他受到启发，想到每种脚印可以代表一种野兽，那么也可以用不同的符号来表示自己掌管的东西，于是他开始创造各种符号来表示事物，果然把事情管理得非常好。黄帝知道后很高兴，命令仓颉到各个部落去传

> “一连”表示动作连续不断或情况连续发生。
> 例：①他一连加了好几个晚上的班。
> ②这段时间天气不好，一连下了五天雨。

授这种方法，从此结束了结绳记事的历史。经过了五千多年，仓颉创造出的符号慢慢演化成了人们现在使用的汉字。

十、神农尝百草

远古的时候，人们吃野草，喝生水，食用树上的野果，吃地上爬行的小虫子，所以常常生病、中毒或是受伤。神农想了很多办法，但效果却不太好。有一天，神农品尝草木，发现草木有治病的作用，于是他决心尝百草，为人们造福。但尝百草是十分辛苦的事，不仅要跋山涉水寻找草木，而且品尝草木还有生命危险。神农曾经在一天之内中毒七十次，被毒得死去活来，痛苦万分，可每次他都又坚强地站起来，继续品尝更多的草木。神农根据这些草木的不同特性给人们治病。一次，他在品尝一种植物后，没有多久就感到肚子非常痛，最终被这种植物毒死了。神农虽然死了，却被后世的人们永远纪念着。

生词表 Words

1.	生产力	shēngchǎnlì	（名词）	productive force
2.	幻想	huànxiǎng	（名词）	illusion
3.	征服	zhēngfú	（动词）	conquer
4.	简略	jiǎnlüè	（形容词）	simple and brief
5.	开辟	kāipì	（动词）	open up
6.	浑浊	húnzhuó	（形容词）	muddy
7.	顶天立地	dǐngtiān-lìdì		of gigantic stature and indomitable spirit
8.	挥洒	huīsǎ	（动词）	sprinkle
9.	传宗接代	chuánzōng-jiēdài		(of a family line) continue generation upon generation
10.	后裔	hòuyì	（名词）	descendant (of a dead person)
11.	残暴	cánbào	（形容词）	cruel
12.	暴政	bàozhèng	（名词）	tyranny
13.	牺牲	xīshēng	（动词）	sacrifice
14.	地势	dìshì	（名词）	terrain
15.	负载	fùzài	（名词）	support
16.	遗址	yízhǐ	（名词）	site, relic

17.	炽热	chìrè	（形容词）	red-hot
18.	终年	zhōngnián	（副词）	all year round
19.	周游	zhōuyóu	（动词）	travel around
20.	拯救	zhěngjiù	（动词）	rescue
21.	奔波	bēnbō	（动词）	rush about
22.	辨认	biànrèn	（动词）	identify
23.	传授	chuánshòu	（动词）	pass on
24.	跋山涉水	báshān-shèshuǐ		scale mountains and wade streams
25.	死去活来	sǐqù-huólái		hover between life and death—be devastated

思考题 Questions

1. 说说你都知道中国的哪些神话故事。
2. 说说关于天地、人类的来源，你们国家的神话和中国神话有什么不同。
3. 说说神话“精卫填海”的内容以及意义。
4. 说说“大禹治水”和“后羿射日”的故事。

第二节　民间传说

民间传说是人们用口头语言叙述自己的历史、描绘自己的生活、表达自己愿望的一种文学样式。中国有丰富多彩的民间传说，种类很多，可以分为人物传说、名胜古迹传说、史事传说、地方物产传说、风俗传说等，这些传说围绕着特定的历史人物、自然山水、地方土特产、婚丧礼俗等进行叙事抒情，人物传神，情节曲折，故事优美，千百年来被不断流传，一直深受人们喜爱。

在众多的民间传说中，牛郎织女的传说、孟姜女的传说、梁山伯与祝英台的传说，以及许仙与白娘子的传说流传最广，被称为中国的“四大民间传说”。牛郎织女的传说在节日习俗部分已经介绍过了，下面介绍一下其他的三大传说。

一、孟姜女的传说

在秦代，秦始皇派人到处抓民夫去修建长城。一个叫万喜良的书生不想被抓走，无意中躲到了一户姓孟的人家的后花园里。孟家有一个聪明漂亮的女儿，叫孟姜女。她在花园里发现了万喜良。在了解了万喜良的情况后，孟姜女一家答应把他暂时藏在家中。万喜良在孟家藏了一段时间，他和孟姜女相爱了。孟姜女的父母也很喜欢万喜良，同意了他们的婚事。

可没想到，他们成亲才三天，万喜良就被抓去修长城了。孟姜女盼了一年，不光人没有盼到，连一封信也没有。孟姜女非常担心丈夫的安危，就一连几夜为丈夫赶做寒衣，要亲自去长城寻找丈夫。孟姜女历尽千辛万苦，终于到了长城脚下。她问了很多人，才打听到一个消息：万喜良已经死了，尸体就埋在长城脚下。听到这个不幸的消息，孟姜女在长城下痛哭起来。她哭了几天几夜，哭得日月无光，天昏地暗，忽然“轰隆”一声巨响，修好的长城一下子倒了八百里。

秦始皇听说孟姜女哭倒了城墙，非常恼火，马上带人来到长城，打算亲自处置孟姜女。可是他一看到漂亮的孟姜女就改变了想法，他想娶孟姜女为妻。因失去丈夫而悲痛万分的孟姜女恨不得马上杀死秦始皇，自己再一头撞死，但她知道自己根本没有办法杀死秦始皇，而且丈夫和其他死去的人冤仇没报，自己怎能白白地死去呢！于是她对秦始皇说："要我和你成亲也可以，不过你要答应我三件事。"秦始皇说："不要说三件，就是三十件我也答应你。你快说，是哪三件事？"孟姜女说："第一件，得给我丈夫立碑、修坟，好好安葬；第二件，要你给我丈夫披麻戴孝，跟在灵车 (hearse) 后面，率领着文武百官哭着送葬；第三件，我要逛三天大海。"

为了得到孟姜女，秦始皇答应了这三件事。他立刻派人给万喜良立碑、修坟。出殡那天，万喜良的灵车在前，秦始皇紧跟在后，披麻戴孝。办完丧事，二人来到大海上。秦始皇正高兴的时候，忽然听到"扑通"一声，孟姜女跳海了！而且大海掀起了狂风大浪。原来，海里的龙王同情孟姜女，一见她跳海，就把她接到了龙宫，然后掀起了狂风巨浪。幸亏秦始皇逃得快，要不就被卷到大海里去了。

"幸亏"表示由于偶然出现的有利条件而避免了某种不利的事情。
例：①幸亏他带了伞，不然全身都被淋湿了。
②幸亏有你的帮助，我才能顺利完成这项工作。

二、梁山伯与祝英台的传说

古时候，祝员外的女儿祝英台从小聪明伶俐，爱好诗文。在中国古代社会，女子不能出门求学，祝英台只好女扮男装，外出求学。路上，她认识了同去求学的梁山伯，两人结拜为兄弟。以后，两人以兄弟相称，同窗读书。三年中，梁山伯和祝英台一直相处得很好，像亲兄弟一样，而梁山伯始终不知道祝英台是个女子。

三年后，祝英台回家，梁山伯去送她。祝英台很喜欢梁山伯，一路上，她用巧妙的比喻暗示梁山伯自己愿意嫁给他，但是老实的梁山伯一直不能理解她的真意。祝英台只好说愿意为梁山伯作媒，把家中的妹妹嫁给梁山伯，让梁山伯早日来祝家提亲 (propose a marriage)。后来，梁山伯到祝家提亲，才知道祝英台是位女子，当初祝英台说的"妹妹"其实就是她自己。知道了真相，梁山伯非常高兴，马上向祝英台的父亲提亲。但因为梁山伯来迟了，误了约期，祝英台已由父亲做主，被许配给了马家公子。梁山伯非常悔恨，回家后就病倒了，不久便离开了人世。

祝英台与马家公子成亲那天，她要求在花轿经过梁山伯墓地时祭拜一下。她来到梁山伯墓前，哭诉二人的情谊，痛哭梁山伯的早逝，哭得非常伤心。这时，风雨大作，梁山伯的坟墓忽然裂开了，祝英台跳进了墓穴。转眼间，梁山伯墓又合拢上了。之后，风雨停止了，雨后的晴空挂着美丽的彩虹，墓地上有两只彩蝶，上下飞舞，形影相随。人们都说这两只蝴蝶就是梁山伯和祝英台的化身，他们生不能结为夫妻，死后就化为蝴蝶，生生世世，相亲相爱。

梁山伯与祝英台的故事委婉动人，被人们称为“东方的罗密欧与朱丽叶(Romeo and Juliet)”。

三、许仙与白娘子的传说

相传，两条在峨眉山上修炼千年的灵蛇因为羡慕人间美好的生活变成了两个美丽的女子来到人间，一个身穿白衣，叫白娘子，另一个身穿青衣，叫小青。

一年春天，白娘子和小青在杭州西湖边游玩时忽然遇到大雨，二人想到西湖边停着的一只小船上去避雨。小船上有一个叫许仙的青年男子，看到岸上的白娘子二人被雨淋，他忙请二人上船。没想到，许仙和白娘子一见钟情。相亲相爱的他们不久后就成亲了。婚后，许仙和白娘子在镇江开了一个药店。由于白娘子医术高明，又热心帮助穷人，药店生意越来越好。夫妻俩的日子过得十分美满。

镇江金山寺有一个叫法海的和尚。他告诉许仙，白娘子是修炼千年的白蛇变成的，让许仙在端午节那天给白娘子喝雄黄酒。端午节到了，为了弄明白真相，许仙不停地劝白娘子喝酒。白娘子为表达自己对丈夫的真挚爱情，仗着自己有千年仙力，就饮了雄黄酒。但白娘子还是因仙力不够而显露了白蛇的原形，把许仙吓得昏死过去。为救丈夫，白娘子不顾怀有身孕，飞往昆仑山，历经千难万险盗来仙草，救活了许仙。许仙得救后，感到白娘子温柔善良，没有害人之心，自己不该起疑心，就向白娘子道歉，夫妻二人和好如初。

后来，法海把许仙关在金山寺，逼他出家做和尚。白娘子为救许仙，和小青一起上金山寺，用法力水漫金山，与法海进行了一场恶战。白娘子因有孕在身，没能取胜，只得与小青一起回到西湖，等待时机再与法海交战。许仙被关在寺内，死活不肯出家。他找个机会逃了出来，在西湖断桥处遇见了即将分娩的妻子和小青，他们一起住到许仙姐姐的家中。不久，白娘子生下一个儿子。就在大家高兴地准备给孩子庆生的时候，法海闯了进来，用金钵 (gold bowl) 收走了白娘子，并将她镇压在雷峰塔下。

许仙和白娘子的儿子长大后考中了状元 (title conferred on the person with the best score in the highest imperial examination)。知道自己的母亲被镇压在雷峰塔下之后，他祭塔请母。他的孝心感动了天上的玉皇大帝，玉帝派天兵帮助他和小青打败了法海。于是西湖水干了，雷峰塔也倒掉了，白娘子终于重见天日，他们一家人团圆了。

这个故事还有另外一个结局：小青为救出白娘子再一次进山修炼，几年后她赶回杭州寻找法海报仇，二人交战了三天三夜，小青毁掉雷峰塔，救出白娘子，又和白娘子一起将法海打下西湖，法海无处躲藏，钻进了螃蟹 (crab) 的肚脐 (navel)，小青念咒语 (incantation) 将他困在里面，永远不能出来，白娘子终于回到许仙和儿子的身边，一家人又幸福地生活在一起了。

现在西湖上的断桥和西湖边的雷峰塔，因为许仙和白娘子的传说而成为杭州著名的景点。

生词表 Words

1.	口头	kǒutóu	(形容词)	oral
2.	叙述	xùshù	(动词)	narrate
3.	描绘	miáohuì	(动词)	describe
4.	抒情	shūqíng	(动词)	express one's emotion
5.	传神	chuánshén	(形容词)	vivid, lifelike
6.	曲折	qūzhé	(形容词)	complicated (plot)
7.	无意	wúyì	(副词)	inadvertently
8.	处置	chǔzhì	(动词)	punish
9.	根本	gēnběn	(副词)	at all

10.	伶俐	língli	（形容词）	clever, intelligent
11.	同窗	tóngchuāng	（名词）	schoolmate
12.	始终	shǐzhōng	（副词）	always
13.	暗示	ànshì	（动词）	hint, suggest
14.	真相	zhēnxiàng	（名词）	truth
15.	合拢	hélǒng	（动词）	close, join together
16.	修炼	xiūliàn	（动词）	practise divination
17.	一见钟情	yíjiàn-zhōngqíng		fall in love at first sight
18.	高明	gāomíng	（形容词）	brilliant, wise
19.	真挚	zhēnzhì	（形容词）	sincere
20.	疑心	yíxīn	（动词）	doubt
21.	时机	shíjī	（名词）	opportunity
22.	死活	sǐhuó	（副词）	anyway
23.	分娩	fēnmiǎn	（动词）	deliver (a baby)
24.	孝心	xiàoxīn	（名词）	filial sentiments
25.	重见天日	chóngjiàn-tiānrì		see the sun once again—be delivered from oppression

思考题 Questions

1. 中国的四大民间传说都有哪些？
2. 说说孟姜女的传说。
3. 说说梁山伯与祝英台的传说。
4. 说说许仙与白娘子的传说。

第六章 民间艺术

第一节 民间工艺

一、剪纸

剪纸 (paper-cut)，又叫“剪花”“窗花”“刻纸”，是中国民间传统装饰艺术之一，有着悠久的历史。汉代纸的发明促使了剪纸的出现、发展与普及；唐代剪纸已经处于大发展时期；宋代造纸业成熟，纸品种类增多，为剪纸的普及提供了条件，出现专门的剪纸手工业，剪纸的运用范围逐渐扩大；明清时期剪纸手工艺术走向成熟，进入鼎盛时期。

剪纸艺术发展到现在，图案非常丰富，包括花鸟鱼虫、蔬菜瓜果、自然山水、用品物品、吉祥图案、民间故事、历史或神话人物、戏剧脸谱等，寓意主要是纳吉祝福、祛邪、除恶、劝勉、警戒、趣味等。

剪纸因为材料易得、成本低廉、样式多变、千姿百态、形象生动而深受欢迎，在中国许多地方都能见到剪纸，不同地方形成了不同的风格流派，如：陕西的剪纸粗犷奔放；山西的剪纸纯朴厚重；河北的剪纸善于点色；江苏的剪纸精巧细致；广东的剪纸善用金纸衬托；福建的剪纸形态自然。无论哪个地区的剪纸，人们都是在借用那些传统习俗中的观念化形象来表达丰衣足食、人丁兴旺、健康长寿、万事如意的愿望。

2006 年，剪纸艺术被列入第一批中国国家级非物质文化遗产名录。

二、年画

年画 (New Year's painting) 也是中国民间十分普及的艺术品之一，是中国特有的一种绘画体裁。年画大多用于新年时张贴，以装饰环境，祝福新年吉祥喜庆，因张贴后可供一年欣赏，所以称为"年画"。每逢过农历新年时，人们都会买来各种花花绿绿、象征吉祥富贵的年画贴满大门和厅房，以烘托新春欢乐热闹的气氛。

年画起源于"门神"像，汉代时民间在门上贴"神荼""郁垒"的门神像，宋代已有木版 (woodblock) 年画，清代中期以后，年画尤其盛行。现在，年画在传统的基础上发展得更加丰富多彩，依然为人们所喜爱。

传统民间年画多用木板水印 (watercolour block-printing) 制作，线条单纯、色彩鲜明，气氛热烈愉快。年画内容有花鸟、胖娃、金鸡、春牛、神话传说、历史故事等，表达了人们祈望丰收的心情和对幸福生活的憧憬。可以说，年画艺术是中国社会的历史、生活、信仰和风俗的反映。中国著名的四大"年画之乡"分别是四川绵竹、苏州桃花坞、天津杨柳青、山东潍坊，这些地方所制作的年画深受人们的喜爱。

三、刺绣

刺绣 (embroidery)，古代称为"针绣"，是用绣针引彩线、按设计好的花纹在纺织品上运针、以绣迹构成花纹图案的一种工艺，是中国古老的手工技艺之一。因为刺绣多为妇女所作，所以又叫"女红（gōng）"。

刺绣起源很早，至少有两三千年历史了。相传"舜令禹刺五彩绣"，之后在夏商周和秦汉时期得到发展，汉代时刺绣不仅成为民间广泛使用的服饰装饰，其制作也逐渐专业化，技术提高很快，非常精美。唐宋时期，刺绣已不仅用在服饰上，还运用到欣赏性的刺绣画，刺绣佛经 (Buddhist scripture)、佛像 (statue of Buddha) 上。明清时宫廷绣工规模很大，民间刺绣也得到进一步发展，各个地方形成了不同的刺绣风格，在清代先后产生了著名的四大名绣，即苏州的苏绣、湖南的湘绣、四川的蜀绣、广东的粤绣。此外还有北京的京绣、温州的瓯绣、上海的顾绣、苗族的苗绣等。中国刺绣的特色和艺术价值，直接体现在四大名绣上：苏绣，以针脚 (stitch) 细密、色彩淡雅、绣品精细而著名；湘绣以写实居多，色彩丰富鲜艳，强调颜色的浓淡；蜀绣又称川绣，针法严谨，色彩明快；粤绣用色明快，对比强烈，多用金线做刺绣花纹的轮廓线，讲求华丽效果，其最大的特点就是布局满，显得热闹而紧凑。

现在中国刺绣业更是将油画、中国画、照片等艺术形式运用于刺绣作品当中，达到远看是画、近看是绣的绝妙效果。刺绣品的用途也进一步扩大，包括生活和艺术装饰，如生活服装，歌舞或戏曲服饰，台布、枕套、靠垫等生活日用品及屏风、壁挂等陈设品。此外，刺绣品还是中国传统的外贸产品，出口到世界上很多国家。

四、瓷器

中国是瓷器的故乡，在英文中“瓷器 (china)”与“中国 (China)”同为一词。大约在公元前 16 世纪的商代中期，中国就出现了早期的瓷器，不过工艺比较粗糙，称为“原始瓷”。到了宋代，名瓷名窑 (kiln) 已遍及大半个中国，此时期中国的瓷业最为繁荣。当时闻名中外的名窑非常多，如被称为宋代五大名窑的“汝窑、官窑、哥窑、钧窑、定窑”，它们的产品都有独特的风格。著名“瓷都”景德镇因宋代景德（公元 1004—1007）年间为宫廷生产瓷器得名。景德镇瓷器造型优美，品种繁多，风格独特，在中国以及世界都很有名气。在元代，景德镇出产的青花瓷已成为瓷器的代表，它与玲珑瓷、粉彩瓷、色釉瓷合称为景德镇四大传统名瓷。清代的制瓷技术则达到了更高的境界，康熙时的素三彩、五彩，雍正、乾隆时的粉彩、珐琅 (enamel) 彩都是闻名中国海内外的精品。

作为古代中国的特产奢侈品之一，瓷器通过各种贸易渠道传到各个国家，贸易渠道之一就有“陶瓷之路”(The China Road)。“陶瓷之路”开始于唐代中后期，是中世纪中国与海外交往的海上主要通道，起点在中国的东南沿海，沿东海、南海经印度洋、阿拉伯海到非洲的东海岸，或经红海、地中海到埃及等地，或从东南沿海直通日本和朝鲜。在这条商路上还有许多商品在传播，如茶叶、香料、金银器等。之所以命名为“陶瓷之路”，主要是因为这条海上商路主要以瓷器贸易为主，也有人称之为“海上丝绸之路”。“陶瓷之路”是日本古陶瓷学者三上次男先生在20世纪60年代提出的，他将多年来在世界各地对中国陶瓷的考古成果，写成了《陶瓷之道》这本影响世界且意义深远的有关陶瓷的著作。

五、中国结

“中国结”(Chinese knot)，全称为“中国传统装饰结”，是中国特有的民间手工编结艺术，它以丰富多彩的变化体现着中国深厚的文化底蕴。

中国结的起源可以追溯到上古时期，当时的绳结不仅是人们日常生活中的必备用具，同时还具有记载历史的重要功用；宋代时中国结被大量地运用于服饰和器物装饰中；明清时期，中国结工艺的发展达到鼎盛阶段，在很多日常生活用品上都用中国结来做装饰，中国结真正成为了流传于民间的艺术。

“结”在漫长的演变过程中，被人们赋予了各种情感愿望。在汉语中，“结”与“吉”谐音，“福、禄、寿、喜、财、安、康”都属于吉的范畴。“结”字还是一个表示力量、和谐，充满情感的字眼，如：结义、结社、结拜、结盟、团结，等等。而男女之间的婚姻大事，也均以“结”表达，如：结亲、结发、结婚、结合等，“同心结”自古以来就是男女间表示山盟海誓的爱情信物，结饰已被民间公认为表达情感的定情之物。而“结发夫妻”一词也源于古人洞房花烛之夜，男女双方各取一撮长发相结来表达希望爱情永恒的行为。

不同的中国结具有不同的含义：一是取自结饰形状；二是取其谐音。如双蝶结，寓意比翼双飞；如意结，寓意吉祥如意；双鱼结，寓意吉庆有余；平安结，寓意如意平安；同心结，寓意永结同心；双喜结，寓意双喜临门；盘长结，寓意长寿百岁。

当代中国结与社会生活相结合，已发展出更多品种，多用来做室内装饰、亲友间的馈赠礼物及个人的随身饰物，如大型壁挂、室内挂件、汽车挂件、戒指、耳坠、手链、项链、腰带等。

六、文房四宝

文房四宝 (four treasures of the study)，是中国独有的文书工具，即笔 (writing brush)、墨 (ink stick)、纸 (paper)、砚 (inkslab)。“文房”的名称，起源于中国历史上的南北朝时期，专指文人书房，因为中国古代文人要经常使用毛笔、墨、宣纸、砚台，所以它们是文人书房中必备的四件宝贝。笔、墨、纸、砚，各有各的用途，用墨条蘸水在砚台里研磨成墨汁，用毛笔蘸墨汁在宣纸上写字。文房四宝是中国传统书法艺术的必需品。文房四宝种类繁多，比较有名的文房四宝是湖笔（浙江省湖州）、徽墨（安徽省徽州）、宣纸（安徽省宣州）、端砚（广东省肇庆，古称端州）。

1. 笔

最早的毛笔大概出现在两千多年前，到春秋战国时期，各诸侯国都已经可以制作和使用书写用笔了，那时笔的名称繁多，各国叫法不一样。因秦国叫“笔”，秦始皇统一全国以后，“笔”就成了定名，一直沿用到现在。

毛笔由笔管和笔头组成，笔管用竹、木、瓷、珐琅等制成，笔头用动物的毛制成，以狼毫 (weasel’s hair) 和羊毫 (goat’s hair) 最多见。毛笔的大小有多种，用大笔写大字，小笔写小字，写多大的字就用相对应的笔来写。好的毛笔笔尖处很尖，吸墨后笔头饱圆，并且富有弹性。毛笔经过历代的发展与完善，不仅是人们书写的主要工具，也是很受收藏家们青睐的藏品。

2. 墨

墨的发明大概要晚于笔，汉代开始出现人工墨品，造型有方、长方、圆、椭圆、不规则形等。墨质坚实，书写时有色泽润黑、历久不退、书画自如的特点。明清时期的制墨工艺比前代发达。

墨的外表形式多样，可分本色墨、漆衣墨、漱金墨、漆边墨。墨的造型汇集了中国书法、绘画和雕刻技巧，也是一种很有特色的工艺品。

3. 纸

纸与指南针 (compass)、火药 (powder)、印刷术 (printing) 并称为中国古代四大发明，它为中国文化的繁荣提供了物质基础。

中国从西汉时期已经开始了纸的制作，魏晋南北朝时期纸被广泛流传，普遍为人们所使用，造纸术进一步提高。隋唐时期，著名的宣纸诞生。宣纸具有细薄、紧密、均匀、洁白、坚韧、耐久的特点，有“纸中之王”“纸寿千年”的美称，为历代书画家所喜用。大量的书画名迹和善本书籍就是用宣纸创作并因之得以长久保存。宋代继承了唐代和五代的造纸传统，出现了很多质地不同的纸张，纸质一般轻软、薄韧，上等纸全是江南制造，也称江东纸。明清时期各地造纸大都就地取材，使用各种原料，制造的纸张名目繁多，纸的加工技术得到进一步的发展和创新。

4. 砚

砚，也称砚台，被古人誉为“文房四宝之首”，因为墨必须加水发磨才能调用，而发墨之石就是砚。砚有陶、泥、砖瓦、金属、漆、瓷、石等不同的材质，最常见的还是石砚。可以做砚的石头很多，中国产砚的地方也很多，最著名的是广东肇庆的端砚、安徽的歙砚、山东的鲁砚、江西的龙尾砚、山西的澄泥砚。

品质好的砚台具有质地细腻、润泽净纯、晶莹平滑、纹理色秀、易发墨而不吸水等特点，产于有山近水之地为佳。砚台制作追求精巧，砚台的雕工制作因此早已形成了一门艺术。名贵的砚，有因为石质而名贵，有因为制作而名贵，有因为名人用过而名贵。砚是集书法、绘画、雕刻、诗词艺术为一体的艺术品，具有实用与欣赏的双重价值。

七、风筝

风筝 (kite)，又叫“纸鸢（yuān）”“风鸢”“木鸢”“纸鹞（yào）”。称“风筝”为“纸鸢”或“纸鹞”是因为风筝能像鹰一样在空中盘旋。风筝源于春秋时期，至今已有两千多年的历史了。最早出现的风筝是用木材做的。传说春秋战国时期东周人墨翟花了三年时间，用木板制成了一只木鹞，这只木鹞可以说是中国最早的风筝，也是世界上最早的风筝。汉代发明造纸术后，风筝改用纸来制作，称作“纸鸢”。五代时期，有人在纸鸢头上装上竹笛，遇风就发出像筝 (long stringed instrument made of wood) 一样的声音，所以又称为“风筝”。

风筝最初是传递信息的军事工具，行军打仗时风筝传递信息。到了唐代，风筝变为人们娱乐的工具；宋代以后，放风筝成为人们普遍的户外娱乐活动。经常放风筝，不仅让人愉悦心情，对人的身体也很有好处，中国古人曾说“鸢者长寿”，意思是常放风筝的人能长寿。有的地方还有把风筝放上天空以后剪断拉线、让清风把风筝吹送到各处的风俗，认为这样做就可以让风筝把自己的疾病、晦气都带走。

在两千多年的发展过程中，风筝一直深受中国传统文化的熏陶，风筝造型或图案上展现着中国传统文化的各种吉祥寓意。这些吉祥图案运用人物、花鸟瑞兽、器物等形象和一些吉祥文字，以民间谚语 (proverb)、吉语及神话故事为题材，通过各种表现手法，寄托人们对幸福、长寿、喜庆的愿望。

中国的山东省潍坊市被称为“世界风筝之都”。经过不断发展，潍坊风筝以其独具特色的艺术风格而成为国际风筝节的固定举办地。

生词表 Words

1.	鼎盛	dǐngshèng	（形容词）	of prime period
2.	脸谱	liǎnpǔ	（名词）	type of facial makeup in traditional Chinese operas
3.	劝勉	quànmiǎn	（动词）	advise and encourage
4.	警戒	jǐngjiè	（动词）	warn
5.	千姿百态	qiānzī-bǎitài		of all kinds of shapes and postures
6.	粗犷	cūguǎng	（形容词）	rough
7.	奔放	bēnfàng	（形容词）	bold and unrestrained
8.	厚重	hòuzhòng	（形容词）	thick and heavy
9.	丰衣足食	fēngyī-zúshí		be well fed and clad
10.	烘托	hōngtuō	（动词）	set off by contrast
11.	憧憬	chōngjǐng	（动词）	yearn for
12.	写实	xiěshí	（动词）	write or paint realistically
13.	严谨	yánjǐn	（形容词）	rigorous
14.	紧凑	jǐncòu	（形容词）	terse
15.	粗糙	cūcāo	（形容词）	(of texture) coarse
16.	奢侈	shēchǐ	（形容词）	extravagant
17.	渠道	qúdào	（名词）	channel, way

18.	通道	tōngdào	（名词）	passage, route
19.	起点	qǐdiǎn	（名词）	starting point
20.	底蕴	dǐyùn	（名词）	connotation background
21.	追溯	zhuīsù	（动词）	trace back to
22.	范畴	fànchóu	（名词）	domain, range
23.	山盟海誓	shānméng-hǎishì		couple's pledge of love as long-lasting as the mountains and the seas
24.	馈赠	kuìzèng	（动词）	present (a gift)
25.	沿用	yányòng	（动词）	continue to use (a conventional method, system, legislation, etc.)
26.	弹性	tánxìng	（名词）	elasticity
27.	青睐	qīnglài	（动词）	show appreciation
28.	藏品	cángpǐn	（名词）	collection
29.	坚实	jiānshí	（形容词）	solid
30.	坚韧	jiānrèn	（形容词）	tough and tensile
31.	质地	zhìdì	（名词）	texture
32.	名目	míngmù	（名词）	items
33.	盘旋	pánxuán	（动词）	hover
34.	熏陶	xūntáo	（动词）	edify
35.	展现	zhǎnxiàn	（动词）	show

思考题 Questions

1. 什么是年画？年画有什么特点？
2. 中国结的图案有什么寓意？
3. 文房四宝指的是哪四宝？
4. 说说风筝名称的由来和最初的作用。

第二节　民间曲艺

一、相声

相声 (comic dialogue) 是一种以说笑话或滑稽问答引起观众发笑的民间说唱曲艺 (various forms of folk performing art rich in local flavor) 表演艺术形式。相声主要采取口头方式表演，多用北京话讲。它起源于北京，流行于中国各地，一般认为在清代咸丰、同治年间形成。

“相声”一词，古代写作“像生”，原指摹拟别人的言行，后发展成为“象声”。经清代的发展直至民国初年，“象声”逐渐从一个人摹拟口技 (vocal mimicry) 发展成为单口笑话，名称也就随之转变为“相声”。

相声按演员人数分可分为：单口相声，由一个演员表演；对口相声，由两个演员表演，主要叙述人“甲”称为“逗哏”(performer who cracks jokes)，辅助对话“乙”称为“捧哏”(performer who plays the fool to help amuse the audience)；群口相声，演员人数在三人或三人以上。其中对口相声是最常见、最受人们喜爱的相声形式。

相声最基本的艺术手段有四种，分别是“说、学、逗、唱”：说，是讲故事、说绕口令等；学，是模仿各种人物、方言和其他声音，学唱戏曲的名家名段或学唱歌、跳舞；逗，是制造笑料；唱，是指演唱“太平歌词”——唱“太平歌词”是相声的基本功。“太平歌词”是从一种北京民间小曲演变而来的，演唱时用两片竹板伴奏，唱词内容有民间传说故事、劝世文和文字游戏等。

包袱是相声重要的艺术手法，指的是具有喜剧效果的笑料，在相声艺术中处于非常重要的地位。相声中的“抖包袱”就是把笑料说出来，使观众发出会心一笑。一般每一段相声里含有四五个甚至更多风趣幽默的包袱。现在“抖包袱”这个词的使用扩展到更大一些的范围，可指说出笑料、真相、悬疑之处等含义。

二、京剧

京剧 (Peking Opera) 是中国的“国粹 (quintessence of Chinese culture)”，也是中国最大的戏曲 (traditional Chinese opera focusing on singing and dancing) 剧种，距今已有二百多年的历史了。它不是土生土长在北京的地方剧种，而是在“徽戏”“汉戏”的基础上，吸收“昆曲”“梆子”“弋腔”和一些地方小调儿的特点，又根据北京的语言特点，加以融合、衍变而成的“国剧”。

京剧的历史从“四大徽班”进京献艺开始。“徽戏”是个历史悠久的地方戏，声腔以“二黄”调为主，剧目题材广泛，情节动人，戏曲语言通俗易懂，在民间演出很受广大群众欢迎。清代庚戌年（1790年）九月二十一日是乾隆皇帝的八十岁大寿，全国各省有名的戏班都被召进北京演戏庆寿。首先，徽戏名旦高郎亭带领“三庆班”入京祝寿，随后，“四喜班”“春台班”“和春班”也来到北京。这就是有名的“四大徽班进京”，也是徽戏第一次登上北京的戏曲舞台。“四大徽班”为乾隆皇帝祝寿庆典演出结束后没有回到家乡，而是留在了北京，转入民间戏曲舞台，为百姓们献艺。

鼎盛时期的京剧有很多著名的演员，如20世纪20年代之后的“四大名旦”(female role in traditional Chinese opera)”梅兰芳、尚小云、程砚秋、荀慧生，他们创造出各具特色的艺术风格，形成“四大流派”，开创了京剧舞台上以旦为主的格局。武生杨小楼则将京剧武生 (male role specializing in fighting feats in traditional operas) 表演艺术发展到新高度，被誉为“国剧宗师”“武生泰斗”。当时京剧正处于鼎盛期，流派很多，人才济济，出现了很多有独特表演风格的表演艺术家。

京剧在表演上要求精致细腻，处处入戏。它的表演艺术更趋于虚实结合的表现手法，最大限度地超越舞台空间和时间的限制，以达到“以形传神，形神兼备”的艺术境界。唱、念、做、打是京剧表演的四种艺术手段，也是京剧表演的四项基本功：“唱”指演唱；“念”指具有音乐性的念白；“做”指舞蹈化的形体动作；“打”指武打和翻跌的技艺。戏曲演员需从小就在这四个方面进行训练培养，才能更好地表现和刻画戏中的各种人物。

京剧角色的行当划分比较严格，早期分为生、旦、净、末、丑、武、流（跑龙套）七行，以后归为生、旦、净、丑四大行，每一种行当内又有细致的进一步分工。京剧的脸谱就是在人的脸上运用色彩和线条构成各种图案，以象征这个人的性格和特质、角色和命运，是京剧的一大特点，可以帮助观者理解剧情。脸谱的作用主要是暗示性格，介绍特点，褒贬善恶，明辨美丑。简单地讲：红脸含有褒义，代表忠勇侠义；黑脸为中性，代表勇猛智慧；蓝脸和绿脸也为中性，代表草莽英雄；黄脸和白脸含贬义，代表凶恶奸诈；金脸和银脸象征着神秘，代表神仙妖怪。脸谱起源于上古时期的宗教和舞蹈面具，今天许多地方戏中都保留了这种传统。

京剧的服装统称为"行头（xíngtou）"，基本的行头包含：蟒、靠、褶、帔、衣、盔、靴等。这些行头按角色身份和行当来穿着，无时代、地域或季节的限制，一套行头通常可以在不同的情形下穿着。也就是说，同一套行头在不同的剧目里，各表现不同的角色。现在"行头"这个词也常用来表示生活中的各种服装。

京剧擅长表现历史题材的政治和军事斗争，故事大多来自小说话本和历史演义 (historical romance)，传统剧目大约有一千多个，常表演的大约有三四百个。

京剧还和"梨园"一词有关系。梨园，原是古代对戏曲班子的别称，人们习惯上称戏班、剧团为"梨园"，戏曲界称为"梨园界"，称戏曲演员为"梨园子弟"，把几代人从事戏曲艺术的家庭称为"梨园世家"等等。"梨园"一词来自唐玄宗李隆基。李隆基喜爱歌舞，在位时大力提倡歌舞、戏曲，选定果园作为活动场所。因为第一个戏曲班子建立在梨树园中，所以后世戏曲演员就被称为"梨园行"。

三、评书

评书 (folk art form in which the performer tells a long story) 是中国民间曲艺的一种，由一人演说，通过叙述情节、描写景象、模拟人物、评议事理等艺术手段来讲述历史或现代故事。评书也可叫评词，流行于中国华北、东北、西北一带，在江南等南方一带则称为评话。

评书历史悠久，早在春秋时期就有人说书了。流行于中国北方地区的评书艺术，作为一种独立的说书品种，大约形成于清代初期。民国是评书中兴的时期。新中国成立后，评书也得到了发展。广播和收音机的普及，给评书提供了极大的生存空间。现在，很多广播电台都有评书专栏，主要听众是老年人或出租车司机。不过也有人担心评书这一曲艺形式会渐渐消失，因为现在很难再看到年轻的说书人了。

评书传统的表演程序一般是：先念一段“定场诗”，或说一段小故事，然后进入正式表演。正式表演时，以叙述故事并讲评故事中的人情事理为主，在故事的说演上，为了吸引听众，经常制造悬念，使所说故事引人入胜。

早期的评书表演形式为身穿传统长衫的说书人坐于桌子后面，用折扇和醒木作为道具。醒木是一种方寸大小、可敲击桌面的木块，常在开始表演或中间停歇的时候使用，来提醒听众安静或吸引听众注意力，以加强表演效果。到了20世纪中期，说书人大多不用桌椅及折扇、醒木等道具，多是站立说演，衣着也不一定是长衫。

评书的节目以长篇大书为主，所说演的内容多为历史朝代更替、英雄征战和侠义故事等。20世纪中期也出现篇幅较小的中篇书和适于晚会组台演出的短篇书，不过仍以长篇大书为主。

四、杂技

杂技 (acrobatics) 艺术在中国已经有两千多年的历史了。杂技本来是生产、生活、祭祀、游戏中出现的异常技能，后来发展成独立的表演艺术，是一种向人身体极限挑战的艺术化展现。杂技在汉代称为“百戏”，隋唐时期叫“散乐”，唐宋以后为了区别于其他歌舞、杂剧，才称为“杂技”。中国杂技是中国最古老的传统艺术之一。

中国的杂技包括高空节目、形体技巧、耍弄技巧、角力等类型的节目。在表演中，杂技演员运用各种生活用具为道具，如碗、盘、桌、椅、伞、帽、手帕、绳子等，进行种种令人眼花缭乱的表演。有的节目结合舞蹈、戏曲、工艺美术等艺术形式，给人以艺术的美感。演员们的腰腿和头顶功夫过硬，将刚劲的力量和轻捷的技巧巧妙结合，动中求静，险中求稳，平中求奇，使观众得到新鲜、奇险、美妙的艺术享受。

中国的许多省、市都有自己的专业杂技团。他们编排了许多新节目，经常出国演出，并获得不少国际大奖。中国成为世界著名的杂技大国。

生词表 Words

1.	滑稽	huájī	（形容词）	comical
2.	摹拟	mónǐ	（动词）	imitate
3.	包袱	bāofu	（名词）	punch line
4.	融合	rónghé	（动词）	integrate, merge
5.	衍变	yǎnbiàn	（动词）	develop
6.	格局	géjú	（名词）	pattern, structure
7.	泰斗	tàidǒu	（名词）	master, top gun
8.	人才济济	réncái-jǐjǐ		persons of talent come forth in large numbers
9.	超越	chāoyuè	（动词）	surpass
10.	行当	hángdàng	（名词）	type of role (in traditional Chinese operas)
11.	分工	fēngōng	（动词）	engage in different but related work
12.	褒贬	bāobiǎn	（动词）	pass judgement on
13.	贬义	biǎnyì	（名词）	derogatory sense
14.	统称	tǒngchēng	（动词）	be collectively called
15.	评议	píngyì	（动词）	judge and appraise
16.	专栏	zhuānlán	（名词）	column
17.	悬念	xuánniàn	（名词）	suspense
18.	加强	jiāqiáng	（动词）	strengthen, enhance
19.	极限	jíxiàn	（名词）	limit
20.	眼花缭乱	yǎnhuā-liáoluàn		be dazzled
21.	刚劲	gāngjìn	（形容词）	vigorous
22.	轻捷	qīngjié	（形容词）	nimble, spry and light

思考题 Questions

1. 什么是相声？它用什么艺术手段表现？
2. 谈谈京剧的行当、脸谱、服装和表演的特点。
3. “梨园”一词的来历和使用。
4. 谈谈评书的表演程序和表演形式。

第七章 传统商贸习俗

在远古时期，中国的商部落就以善于交换出名，传说他们的祖先曾驾着牛车游走在各部落之间，进行交易。西周周文王时期，不少周的贵族驱使商的遗民往来各地贩运货物做生意来赚钱，把他们称为“商人”，后世就把做买卖的人叫作“商人”，商人买卖的货品，就称为“商品”。周代，被叫作“市井”的买卖货物的场所已经出现，当时的商品交易相当繁荣。开始人们只把贩运贸易的叫作“商”，在店铺里卖货物的叫作“贾（gǔ）”，即“行商坐贾”。后来逐渐把他们统称为“商人”，商人们所从事的行业，自然就叫作“商业”了。中国传统商业随着历史的发展而发展，在集市贸易、对外贸易、货币流通、经营管理等方面形成了颇具特色的商贸习俗。

第一节 传统商人

中国历史上第一个经商的文人是春秋时期的卫国人子贡。子贡，名端木赐，字子贡，是孔子的得意弟子，孔子曾经把他叫作“瑚琏之器”。（瑚琏 húliǎn，古代祭祀时盛黍稷的尊贵器皿，“瑚琏之器”比喻人特别有才能，可以担当大任。）他很有才干，曾经担任鲁、卫两国的相，还是一个商人，在曹、鲁两国之间经商，是孔子弟子中最富有的人。

中国历史上另一位著名的商人是范蠡（Fàn Lǐ）。他是春秋时期楚国人，曾经帮助卧薪尝胆的越王勾践消灭吴国，光复越国，后来弃官去做了商人。范蠡先到齐国，不久就赚了很多钱财。齐国国君请他做官，但他很快又辞官离开，到了当时的商业中心陶定居，自称为“朱公”，人称“范伯”。他在陶也赚取了大量钱财，是远近闻名的富翁。后来人们就用“陶朱公”来形容有钱的人，“陶朱之富”也成了财富和金钱的代称。

中国商人的祖师爷是白圭。白圭名丹，战国时期人，在魏国为相，后来弃政从商，是一位著名的经济谋略家和理财家。白圭把经商的理论概括为四个字：智、勇、仁、强。他认为经商发财致富，要善于筹划，勇于决断，主动出击，还要重视薄利多销。他认为，经营应该建立在发展农业生产的基础之上，通过商业来促进农业生产，农业生产的发展又反过来推进商业经营。他的理论被后世商人效法和借鉴，中国古代商人把他看作祖师爷。

一、行商

行商也叫“游商”，是一种流动性的交易方式，也就是把商品运到某地出售，出售的商品是当地需要或没有的。早期的游商主要是把布匹、茶叶、珠宝、工艺品、粮食等从中国内地运往边疆地区，再把当地特产运回来售卖。这些游商组成商队，进行长途贩运，比较有名的是活跃在古代的“丝绸之路”的骆驼商队和云南地区的“茶马古道”的马帮商队。还有一类游商是在生活中走街串巷的小商小贩。他们或挑担推车，或提篮背筐，出售人们日常生活中需要的东西，如农产品、生活用品、手工艺品、土特产等。这种送货上门的售卖方式方便了人们的生活，直到今天仍在延续。

二、坐商

坐商也叫“店商”，是一种固定性的交易方式，营业的时间、地点、商品相对固定。早期的坐商是一些小型的定点商贩，发展起来后的坐商规模有大有小，有小摊贩、小店铺、大商店。有的是综合性的，经营的商品种类较多，门类齐全，如百货店、杂货店等；有的是专业性的，专门经营某一类商品，如服装店。许多城镇的繁荣都离不开各种各样的坐商的发展，这种商业方式一直延续到今天，*无论在大城市的商业街，还是在小城镇的各色店铺，都显示出商品经济的繁荣。*

> “无论”表示条件不同而结果不变，后边常用“都”或者“也”呼应。
> 例：①以后无论你有什么需要帮忙的事都可以来找我。
> ②无论刮风还是下雨，他也坚持锻炼。

三、掮商

掮（qián）商也叫“掮客”或“中间商”，他们本身没有可以买卖的商品，只是给买卖的双方做中间人，从中得到报酬和好处。最早的掮商是帮助买卖双方进行牲畜 (domestic animals) 买卖，后来逐渐扩展到各种买卖。现代社会这种商业模式也很流行，如各种各样的中介公司，还有的人把做掮商当作第二职业，帮助买卖双方谈成一笔生意来得到相应的报酬。

生词表 Words

1.	交易	jiāoyì	（动词）	trade
2.	驱使	qūshǐ	（动词）	force
3.	遗民	yímín	（名词）	adherent of a former dynasty
4.	贩运	fànyùn	（动词）	transport goods for sale
5.	集市	jíshì	（名词）	fair, market
6.	流通	liútōng	（动词）	(of air, money, commodities, etc.) circulate
7.	器皿	qìmǐn	（名词）	household utensils
8.	卧薪尝胆	wòxīn-chángdǎn		sleep on firewood and taste the gall—undergo self-imposed hardships in order to take revenge
9.	光复	guāngfù	（动词）	restore the sovereignty of a conquered nation
10.	筹划	chóuhuà	（动词）	plan and prepare
11.	决断	juéduàn	（动词）	make a decision
12.	出击	chūjī	（动词）	take the initiative in doing sth.
13.	薄利	bólì	（名词）	slim margin
14.	效法	xiàofǎ	（动词）	model oneself after
15.	边疆	biānjiāng	（名词）	border area
16.	活跃	huóyuè	（动词）	be active
17.	走街串巷	zǒujiē-chuànxiàng		make rounds of streets and alleyways

思考题 Questions

1. 说说“商人”“商品”“商业”这几个词的来历。
2. 中国历史上有哪些有名的商人?
3. 说说“瑚琏之器”和“陶朱之富”的意思。
4. 什么是“行商”“坐商”和“掮商”?

第二节　集市贸易

一、市场

中国最古老的市场开始于四千多年前的井边贸易。中国古代社会进入农业时期后，社会生产力有了一定发展，人们就开始有了少量剩余产品可以交换，从而产生了原始市场。原始市场当时称为“市井”。关于“市井”的来历，常见的一种说法是因为最初的交易都是在井边进行的。当时人们到井边打水时，顺便把想交换的东西带上，就在井边和别人交换，因此就有了“市井”这个词语。后来，“市井”指城市中的市场，就是城中商人从事买卖活动的场所，商人就被称为“市井之民”。以后，“市井”这个词的词义又有所扩大，凡是居住在城市中的贫民百姓都称为“市井之人”，以此来和城市中的贵族、官员、军人相区别。

> “从而”表示结果或者进一步的行动，用于后一小句的开头，书面语。
> 例：①他们认真地思考，努力地研究，从而解决了这个难题。
> ②目前各地交通事业发展很快，从而使彼此之间的各种联系更加紧密了。

> “凡是”表示在一定范围内没有例外，用在主语的前边。
> 例：①凡是帮助过我的人，我都不会忘记的。
> ②凡是想参加比赛的同学，都可以报名。

周代市场中的各个贸易地点，叫作“肆”。同一市场中，按照不同的经营品种，设不同的肆，也就是后世的摊位，是陈列货物的场所，如饭肆、酒肆是做饮食生意的场所，就是现在的饭馆、酒馆。周代的城市中，作为居住区的“里”“坊”和作为买卖区的“市”是分开的，“市”中只准具有“市籍”的商人和其他特许的人员在里边设肆经营，市场设有门，进入市门交易，叫“市入”，每天按时买卖，按时开放、关闭市门。这种坊市分离的市井格局和制度一直被沿用到唐代。

随着社会商品经济的发展，到了宋代，市场经济更为繁荣，主要城市的商业区发生了巨大的变化，就是“坊市合一”了，居住区和商业区不再分开设立，“市”不再定时开闭，各类商业店铺遍布城市的各个角落。此外，宋代的市井成员中，除了原有的商人和手工业者外，还出现了很多饮食、旅店、娱乐等服务业的人员。

中国现代市场的形式更是种类繁多，城市中除了商场、超市、批发市场、农贸市场等外，还出现了各种专业的市场：有带有游乐性质的，如古玩市场、邮币市场、图书市场、花卉市场、鱼鸟市场、宠物市场等；有适应需求的，如劳务市场、房产市场等。更具时代特色的是网络市场，随着网络的快速普及，市场不一定是真实的场所和地点，当今许多交易都是通过网络来实现的，中国出现了淘宝网、当当网、京东网等很多专业的购物网站。越来越多的人选择足不出户的网上购物方式，享受着现代科技文明带来的全新的购物乐趣。

二、草市

草市是民间约定俗成的集市。草市不同于城市内有一定制度、规模的正规市场，在农村地区、交通要道或地区交界处都有设立。古代各地草市都有集期，有两日一集、三日一集、五日一集、十日一集等。现在这种集市在中国各地还有，只是名称不同。在北方地区叫“集”，在四川、贵州等地叫“场”，在广东、广西等地叫“墟”，在江西等地叫“圩”。现在农村的定期市集，有逢单日或双日进行，有逢每月初一或十五等日子进行。农民们按时到市集上去买或卖，叫“赶集”。

在集的形成过程中，逐渐形成了一些专门的市，如菜市、米市、花市、牛市等。这些市是以某一类货物为主进行交易的场所。现在不少地区的街道、区域还以“某某市”来命名，如北京就有米市大街、花市大街、骡马市大街，并一直延用至今。

三、夜市

中国的夜市最早出现在唐代。在唐代唐玄宗时期，都城长安出现了中国最早的商业夜市。此后夜市在宋代逐渐盛行。现在中国的市场经济更为活跃，各个城市的夜市也都呈现出繁荣的景象。夜市的商品丰富多彩，营业时间很长，有的地方甚至通宵营业。人们喜欢在晚上到各个商场、商城、超市以及各种小商品市场、临时摊位、步行街等地方购物或者做其他消费。很多夜市中的小吃很吸引人，也成为当地吸引游客的招牌。夜市让人们流连忘返，享受着生活乐趣。可以说，逛夜市已经成为城市人群的一种休闲方式了。

四、庙会

庙会就是在寺庙或寺庙附近聚会，并进行祭神、娱乐和购物等活动。庙会的形成和发展与古代寺庙的宗教活动有关，常是在寺庙节日或规定的日期举行，地址一般在寺庙里或寺庙附近，会期三到五天，还有的十天。庙会的历史悠久。早期庙会仅仅是一种隆重的祭祀活动，随着经济的发展和商品交流的需要，庙会就在保持祭祀活动的同时，逐渐融入了集市交易活动。到了近代，庙会则以集贸、娱乐为主，这时的庙会又得名为“庙市”，成为中国市集的一种重要形式，是人们社会生活的重要组成部分。

举行庙会时，商人们租下寺庙里或附近的房屋、地段设立摊位，售卖各种商品，如衣服鞋帽、日用品、各地土特产、药材皮货、图书音像、民间工艺品以及各种饮食小吃，还有演戏、杂耍、变戏法、踩高跷、有奖游艺等娱乐活动。庙会上拥挤热闹，人们不仅能购买价廉物美的东西，还能品尝到各地的小吃美食、享受到各种娱乐项目带来的乐趣。庙会作为一种民俗活动被一直保留至今。现在的庙会不仅可以在寺庙里举行，还可以在公园和广场等开阔的地方举行，是人们进行商品交易、文化娱乐、旅游观光的场所，呈现出更兴旺的景象。

北京的庙会比较有名，有的是一年一度，有的一个月内就有数天，会期除固定的，还有不定天数的。老北京的白塔寺、护国寺、隆福寺、白云观、东岳庙等都是人们爱去的庙会场所。说到北京的春节庙会，比较出名的有地坛庙会、龙潭庙会、厂甸庙会、白云观庙会等。

生词表 Words

1.	特许	tèxǔ	(动词)	specially permit
2.	足不出户	zúbùchūhù		stay indoors
3.	正规	zhèngguī	(形容词)	regular, standard
4.	活跃	huóyuè	(形容词)	active, brisk
5.	呈现	chéngxiàn	(动词)	appear, emerge
6.	通宵	tōngxiāo	(名词)	whole night
7.	流连忘返	liúlián-wàngfǎn		stay on with no thought of leaving
8.	融入	róngrù	(动词)	include
9.	开阔	kāikuò	(形容词)	wide, vast

思考题 Questions

1. 说说“市井”一词的含义。
2. 简要谈谈历史上市场的发展。
3. 说说什么是“草市”和“夜市”。
4. 说说庙会的形成及特点。

第三节　货币流通

一、票号

票号是中国古代社会的一种信用机构，在清代时比较盛行。票号是为适应不同地区之间资金流通的需要产生的。明清时期，不同地区间商业上的清算 (liquidation) 结账，主要通过各地设有分支机构的商号办理汇兑 (remit and exchange)。开始时，汇兑业务是商号的兼营业务，后来逐渐出现了专营汇兑的机构，就是票号。中国最早成立的一家票号是山西平遥县的日升昌颜料庄，后来改称日升昌票庄。之后，不少山西票号相继建立，随后其他地区也出现了票号。随着业务的发展，票号的经营业务由专办汇兑发展到以存款为基础，进行汇兑和放款。1907 年后，银行业兴起，影响了票号的地位。辛亥革命 (Revolution of 1911) 后，票号就从历史舞台上消失了。

二、钱庄

钱庄是明清时期出现的一种金融业组织，开始是经营不同货币的兑换，叫“钱店”，主要分布在上海、南京、杭州、宁波、福州等地，在北京、天津、沈阳、济南、广州等地的称为“银号”，性质与钱庄相同，在另一些地方，如汉口、重庆、成都、徐州等，则钱庄与银行并称。早期的钱庄，大多为独资或合伙组织。规模较大的钱庄，除办理存款、贷款业务外，还可发庄票、银钱票，凭票兑换货币。清代末，银行逐渐兴起，替代了钱庄。解放后，钱庄多数停业。上海没停业的钱庄则与私营银行、信托公司 (trust company) 一起，实行公私合营，组成公私合营银行。

> “则”表示对比。
> 例：①每年三月，南方不少地区已经是春暖花开，北方地区则还比较寒冷。
> ②北京是中国的政治中心，上海则是一个经济繁荣的大都市。

三、典当

典当（dàng）就是以财物作质押 (mortgage)，有偿有期借贷融资的一种方式。这是一种以物换钱的融资方式。典当业是人类最古老的行业之一，中国是世界上最早出现典当活动并形成典当业的国家之一。中国的典当业开始于南朝佛寺，经过唐、五代南北朝、宋的发展，到明清时期非常兴盛，清末民初开始衰落，20 世纪 50 年代遭到取缔。直到 1987 年中华人民共和国的第一家典当行——成都市华茂典当服务商行率先成立，典当行业在中国经历了一千六百多年的历史沉浮。

过去借款人去当铺借贷，主要是应付家庭生活上的紧迫需要，也有个体小生产者用于小本经营，或农民用于生产的。借贷时先要送上实物验收作押，由当铺付给“当票”，写明所当物品及押借价款，作为当户到期赎取押品的凭证。为使业外人无法辨认，书写当票多用特殊字体。借款期限、押借金额和利息高低，根据押品性质和当铺大小来定。期限一般从六个月到两年不等。押借金额大多在押品价值五成上下，到期没有能力取赎，就成了“死当”，押品由当铺没收。

目前典当的主要客户是中小企业主，所当的物品以房产、车辆、股票及机械设备等为主。目前中国典当行总量增加，规模扩大，形成一批具有特色服务、专业分工、连锁经营、管理创新的品牌典当行。中国改革开放后，由于国家政策的支持，典当业从恢复经营到壮大成长，发展前景还不错。典当业务也做得十分宽广，从民品、产权到股权，可以说只要在典当行资金可操作范围内，所有业务基本都可以囊括，并且不受地域限制。

四、薪水

薪水的意思原为柴和水，借指生活必需品，现在多是指劳动收入，又叫“薪俸”“薪给（jǐ）”“薪金”，在军界、警界里称为“薪饷”，现代人称为“薪资”，也叫“工资”。

中国的先秦时期已出现按月发放薪水的现象，当时发的不是现金，而是物品，主要是粮食，叫作“禄”。到了汉代，“禄”改称“俸”，还是发粮食，按月发放叫“月俸”。在魏晋六朝时，“薪水”一词除了指柴和水外，也逐渐发展为日常开支费用的意思。唐以后一直到明清，主要以货币形式为俸禄发给朝廷官员。现代一般人按月支取的工资相当于古代的“月俸”“月费”，主要也是用来应付日常生活开支的。因此，人们常把工资称为“薪水”。

生词表 Words

1.	信用	xìnyòng	(名词)	credit
2.	分支	fēnzhī	(名词)	branch (of a system or main body)
3.	兼营	jiānyíng	(动词)	simultaneously operate, manage as a sideline
4.	专营	zhuānyíng	(动词)	operate as a monopoly
5.	金融	jīnróng	(名词)	finance
6.	组织	zǔzhī	(名词)	organization
7.	兑换	duìhuàn	(动词)	exchange
8.	合伙	héhuǒ	(动词)	form a partnership
9.	替代	tìdài	(动词)	substitute for
10.	停业	tíngyè	(动词)	close a business
11.	私营	sīyíng	(动词)	privately own
12.	合营	héyíng	(动词)	jointly operate
13.	取缔	qǔdì	(动词)	outlaw, ban
14.	沉浮	chénfú	(动词)	rise and fall
15.	应付	yìngfu	(动词)	handle, cope with
16.	紧迫	jǐnpò	(形容词)	urgent, imminent
17.	赎取	shúqǔ	(动词)	redeem
18.	凭证	píngzhèng	(名词)	proof
19.	期限	qīxiàn	(名词)	deadline, time limit
20.	没收	mòshōu	(形容词)	confiscate, expropriate
21.	连锁	liánsuǒ	(动词)	link together like chain
22.	前景	qiánjǐng	(名词)	prospect, future
23.	开支	kāizhī	(名词)	expense, spending

思考题 Questions

1. 简述票号及其特点。
2. 简述钱庄及其特点。
3. 简述典当行及其特点。
4. 说说“薪水”一词的来源。

第四节　传统广告

一、市声

市声，是从事交易的小行商、小摊贩，为了使顾客了解自己的商品，用口头或物品做出的各种标示。市声包括叫卖声和代声，叫卖声直接喊出或唱出商品的性质、特点或内容，具有一定的节奏性和音乐性，很能招揽生意；代声是用其他物品的声音代替人声，主要依靠对物品的敲打声来招揽生意，如下乡货郎 (pedlar) 的货郎鼓 (rattle drum [used by pedlars])、剃头匠 (barber) 手中的镊叉 (tuning fork)、卖油郎 (oil vendor) 的梆子 (clapper) 等，都是招揽生意的方式。市声在城乡各处飘荡，是人们爱听的街头声响。市声到现在也还存在，如居民住宅小区里经常会听到"回收电器喽""清洗油烟机""磨剪子、戗（qiāng）菜刀"等吆喝声。如今不少商店在门前放上音乐来招揽顾客，这也算是一种市声吧。

二、幌子

幌子是古代店铺用来招揽顾客的形象性的商品标记，大概可分为形象幌、标志幌和文字幌。形象幌以商品、模型、图画为特征；标志幌主要是旗幌；文字幌大多以文字标示经营类别，如我们常看到的茶、酒等幌子。

中国商品交易的最初时期，人们通过叫卖来达到售卖商品的目的。战国时期，商业逐渐繁荣发展，叫卖已经不能适应需要了，于是出现了招幌这种新形式。招幌最早的是酒店用彩布做成的长条旗，又叫"酒帘"。古时的酒店门口撑出一幅酒帘，有的上面写一个"酒"字，有的画着一只酒坛等。唐代诗人杜牧写了一首很有名的诗："千里莺啼绿映红，水村山郭酒旗风。南朝四百八十寺，多少楼台烟雨中。"诗中就提到当时的酒馆悬挂着的酒帘迎风招展。不同的行业、商品用不同的幌子做广告，体现自身特点。如店门前有一个红、白、蓝三色相间的彩色灯柱，人们一看就知道是理发店。

三、牌匾

牌匾是在木牌上题写文字，用来标明店铺的名称和字号，或宣传语句，是店铺的标记。店铺的牌匾主要放在店铺门口或店堂上方，如“同仁堂”“全聚德”“稻香村”等；或是竖立在柜台上，如鞋店的“平步青云”，典当铺的“利在便民”等；也有的立在店铺门外三五米处。

牌匾上的店铺名称、字号大多选取吉祥的字词，如兴、茂、顺、万、利、和、永、昌、信、聚、祥、吉、发、盛、福等，寄托了店主祈求生意兴旺的美好愿望。现在很多老店铺的名号还享有盛誉，如“全聚德”“东来顺”“月盛斋”“同仁堂”“瑞蚨祥”“盛锡福”等。也有用店主的姓或名字作店名的，如“王麻子剪刀”“张小泉剪子”等。

店名的命名还有行业特点，如中药店大多叫“堂”，有名的药店老字号有“同仁堂”“鹤年堂”“长春堂”等；饭店多叫“馆”“园”“楼”“居”，如“听鹂馆”“丰泽园”“鸿宾楼”“砂锅居”等。

牌匾是店铺的形象广告，要吸引顾客，除了牌匾的文字要得体吉利，牌匾的制作也要精致，讲求典雅大气，店主常常请书法家或名人来书写，增加吸引力。

生词表 Words

1.	标示	biāoshì	（名词）	sign
2.	节奏	jiézòu	（名词）	rhythm
3.	招揽	zhāolǎn	（动词）	solicit (customers or business)
4.	飘荡	piāodàng	（动词）	waft
5.	标记	biāojì	（名词）	sign, symbol
6.	类别	lèibié	（名词）	classification, category
7.	竖立	shùlì	（动词）	erect, set upright
8.	盛誉	shèngyù	（名词）	high reputation
9.	大气	dàqì	（形容词）	powerful, grand and magnificent
10.	吸引力	xīyǐnlì	（名词）	attraction

思考题 Questions

1. 传统广告主要有哪些?
2. 简述市声及其特点。
3. 简述幌子及其特点。
4. 简述牌匾名称的特点。

第五节　贸易通道

一、茶马古道

中国是一个历史悠久而又民族众多的国家，各民族聚集地区之间的贸易历史也很悠久，形成很多贸易通道，最有名的民族地区之间的贸易通道就是“茶马古道”。茶马古道是在中国西南地区以马帮 (caravan) 为主要交通工具的民间国际商贸通道，是中国西南民族经济文化交流的走廊。茶马古道的线路主要有两条：一条是滇 (Yunnan Province) 藏 (Tibet) 线，从云南普洱茶 (Pu’er tea [produced in Yunan Province]) 原产地（今西双版纳、思茅等地）出发，到西藏，再到缅甸、尼泊尔、印度等国，中国国内路线全长 3800 多公里；另一条是川 (Sichuan Province) 藏线，从四川雅安出发，到西藏拉萨，再到尼泊尔、印度、不丹等国，中国国内路线全长 3100 多公里。两条线路将滇、藏、川地区紧密连接在一起，形成了世界上地势最高、山路最险、距离最遥远的茶马文明古道。

> “而”连接语意相承、近似的动词、形容词、词组或句子等。
> 例：①这个饭馆的菜好吃而便宜。
> ②她是一个大方而热情的女人。

茶马古道起源于唐宋时期的“茶马互市”，藏区的藏民在长期的生活中，形成了喝酥油茶 (buttered tea) 的生活习惯，但藏区不产茶；在内地，民间役使和军队征战都需要大量的骡马，而藏区和川、滇边地则产良马。于是，具有互补性的茶和马的交易即“茶马互市”就产生了。

滇藏线茶马古道出现在唐代，它与吐蕃王朝 (Tubo Empire) 向外扩张和对南诏 (Nanzhao Kingdom [now southern China and Southeast Asia during the 8th and 9th centuries]) 的贸易活动密切相关。公元 678 年，吐蕃势力进入云南西洱海北部地区，双方的贸易也获得发展，茶马贸易就是重要内容之一。茶马古道在云南境内的起点就是唐代南诏政权的首府所有地大理，大理、丽江等地是茶马贸易十分重要的枢纽和市场。滇藏线茶马贸易的茶叶，以云南普洱的茶叶为主，也有来自四川和其他地方的茶叶。从明代开始，川藏茶道正式形成。清代进一步加强了对康区和西藏的经营，使川藏茶道进一步繁荣。川藏茶道崎岖难行，川茶就是在这种艰苦的条件下运到藏区各地的。川藏茶道的开拓，也促进了川藏茶道沿线市镇的兴起。就这样，藏区和川、滇边地出产的骡马、毛皮、药材等和川滇及内地出产的茶叶、布匹、盐和日用器皿等，在川滇藏地区间流通交换，形成了延续至今的茶马古道。

二、丝绸之路

中国是世界上最早使用蚕丝 (silk) 的国家，早在汉代时，中国的丝绸就已在世界上享有盛誉。西汉时中国为了加强与中亚各国的友好往来，由张骞出使西域开辟了以长安（今西安）为起点，经甘肃、新疆，到中亚、西亚，并联结地中海各国的陆上通道，因为由这条路西运的货物中以丝和丝织品为主，所以被称为“丝路”或“丝绸之路”。

丝绸之路的基本走向定于两汉时期，包括南道、中道、北道三条路线。通过丝绸之路的交流，新疆和中亚地区各地的特产，如葡萄、芝麻、胡萝卜、大蒜、石榴等，以及乐器、乐曲、舞蹈等传入中原地区，丰富了中原地区的物质文化生活；而中原地区先进的手工业技术也传入新疆和中亚地区，促进了当地经济的发展。同时，贸易在印度、东南亚、斯里兰卡、中国、中东、非洲和欧洲之间迅速发展，商品、技术与思想不断地在欧、亚、非三洲的各个国家之间交流，大陆之间的贸易往来变得更畅通。

唐代初期时丝绸之路进一步畅通，这条商路又一次迎来了繁荣时期。往来于丝绸之路的人们不再仅仅是商人和士兵，为寻求信仰和文化交流的人们也逐渐出现在这一时期。中国大量先进的技术通过各种方式传播到其他国家，中国也接纳相当数量的遣唐使 (ambassador to the Tang Dynasty) 及留学生，让他们学习中国文化。同时，佛教迎来了在中国广泛传播的机会。一时间，唐朝人在文化方面得到了极大的发展。

唐代中叶以后，中国北方地区战火连年，丝绸、瓷器的产量不断下降，商人也为了安全而不愿远行，这条西北的丝绸之路贸易逐渐衰落。到了宋代，中国经济中心逐渐南移，相对稳定的南方对外贸易量明显增加，带动了海上丝绸之路的繁荣。

历代海上丝绸之路，亦可分三大航线：一是东洋航线由中国沿海港口至朝鲜、日本；二是南洋航线由中国沿海港口至东南亚各国；三是西洋航线由中国沿海港口至南亚、阿拉伯和东非沿海诸国。中国在海上丝绸之路的出口商品以丝绸和瓷器为主。可以说，海上丝绸之路不仅促进了亚、非、欧三大洲的商品贸易交流，还促进了三大洲的文化交流。

生词表 Words

1.	走廊	zǒuláng	（名词）	corridor
2.	线路	xiànlù	（名词）	route
3.	连接	liánjiē	（动词）	connect, link
4.	役使	yìshǐ	（动词）	use
5.	互补	hùbǔ	（动词）	mutually complement
6.	扩张	kuòzhāng	（动词）	expand, enlarge
7.	势力	shìlì	（名词）	(of politics, economy, military situation, etc.) force, influence
8.	首府	shǒufǔ	（名词）	prefecture capital
9.	枢纽	shūniǔ	（名词）	pivot, key position
10.	崎岖	qíqū	（形容词）	rugged
11.	走向	zǒuxiàng	（名词）	trend
12.	先进	xiānjìn	（形容词）	advanced
13.	畅通	chàngtōng	（形容词）	free from obstacles
14.	接纳	jiēnà	（动词）	accept
15.	带动	dàidòng	（动词）	lead the way for others to follow

思考题 Questions

1. 说说茶马古道的线路。
2. 说说茶马古道的形成。
3. 说说丝绸之路的形成及特点。
4. 说说海上丝绸之路的线路。

第六节　商业习俗

一、店铺开张

过去店铺开张是喜庆的事情，店家要选择吉利的日期。开张这一天，店铺装饰得非常漂亮：门上贴着“开张志喜”“开业大吉”等词句以及吉祥祝福的红对联，牌匾上系着红绸。店主和店员会先用香烛敬神，祈祷生意兴隆。来宾们带着鞭炮、贺联、花篮等来庆贺。店主和店员们忙着招待客人。为表达谢意和讨个“开门红”的好兆头，一般开业时卖的货物价格都比较优惠。

现在商店开张，事前会在媒体上做广告进行预告，欢迎顾客届时光临。开张这一天，店铺装饰一新，显得喜庆吉利，受邀前来的来宾们一般会送花篮、牌匾或对联等表示祝贺，店主和店员们还会燃放鞭炮，有的店铺还邀请领导或名人发表开业致辞，以示庆贺和重视。

二、祭财神

财神在中国是多阶层普遍信奉的神灵，尤其在生意人的心中更是非常重要的神仙。中国民间关于财神有很多传说，财神也不止一位，各地供奉的财神和祭拜时间也有所不同。财神主要有武财神赵公明、关羽，文财神比干、范蠡等。

北方人在正月初二祭财神。这天，无论是商贸店铺还是普通家庭，都要举行祭财神活动，各家祭祀除夕夜接来的财神。这天中午要吃馄饨，俗称“元宝汤”。祭祀的供品用鱼和羊肉。老北京的大商号在这一天都举行祭祀活动。南方人在正月初五祭财神，通过燃香、放爆竹、点烟花来迎财神，希望财神爷能在新的一年里把财富带到家中来。

三、牙祭

牙祭在过去一般指店主在农历每月初二、十六对店员、匠师、徒工等各给一次肉食，这肉称为“牙祭肉”，一些地方也把吃这顿饭食叫“打牙祭”。这个习俗明末清初已在中国长江流域、沿海一带流行起来。在牙祭日，不少地方的店铺还会祭祀财神或祖师爷，祈求得到保佑。虽然城乡多数人家几乎天天吃肉，早已不再限于初二、十六的两次牙祭，不过仍会把吃肉或其他美食称为“打牙祭”。*“牙祭”这个词的词义现在也已经扩大，除了用来表示美食以外，还用来比喻为种种适意的美好享受。*

> “除了……还”表示在什么之外，还有别的什么。
> 例：①他除了会说英语，还会说法语和德语。
> ②除了他之外，还有我参加这次的会议。

四、传统商业禁忌

首先，商人们在言语方面有不少禁忌。商人大多普敬财神和本行业的祖师爷，不得直呼财神姓名和祖师爷的名讳。店铺招幌、标记就是“招财进宝”的象征，在商人心目中最为神圣。每天挂幌子，必须说“请幌子”，忌讳说“挂”，忌讳挂不牢而掉落在地面上。重大节日，如春节、祖师圣诞、祭财神之日，忌讳说不吉利的话，尤其忌讳话语中带与“赔”谐音的字眼，像“破”“灭”“倒”“坏”等字眼也都在禁忌用语中。药店、棺材店的经营者送客时忌讳说“再来坐”“欢迎再来”之类的话，否则顾客会以为店家是在诅咒自己的家人“再得病”“再死人”，会觉得很丧气，很不高兴。

除了言语方面的禁忌，在日常行为上也有一定的禁忌。商店中的度、量、衡用具，如升、斗，以及账桌上用的算盘，都不能随意玩弄，尤其忌讳反放算盘，说是经商只能往里算计，不能往外算计。

无论有没有顾客，店员都不能面朝里坐，背对着店门意味着生意不顺利。忌讳店员坐卧或躺睡于账桌、货柜、钱柜上，说是会压了柜上的财，赚不到钱。也忌讳店员睡在待客的条凳上，说这会压了顾客——财神爷，明天登门的顾客一定会减少。还忌讳店员坐在店门或柜房的门坎上，怕拦堵了财神。扫地时不能往店外扫，尤其是春节，不准扫地，不准往外倒脏水、垃圾，否则被认为是把财扫出门或“倒财”，生意会亏本。店员还不能在店铺中看书，因为“书”与“输”谐音，而商人忌讳输、亏。不能冲着店门方向和当日财神方位小便；不能在店铺前做打哈欠、伸懒腰等动作，以免冲撞财神。

现在随着时代的变迁，商业禁忌由多变少，除店规、守则、公约之外，很多属于心理上的禁忌都淡化或消失了。

生词表 Words

1.	开张	kāizhāng	（动词）	open a business
2.	谢意	xièyì	（名词）	gratitude, thankfulness
3.	兆头	zhàotou	（名词）	omen
4.	优惠	yōuhuì	（形容词）	preferential, favourable
5.	适意	shìyì	（形容词）	comfortable, enjoyable
6.	名讳	mínghuì	（名词）	name of one's elders and betters or of a respected person
7.	玩弄	wánnòng	（动词）	toy with
8.	算计	suànjì	（动词）	calculate, reckon
9.	冲撞	chōngzhuàng	（动词）	offend, affront

思考题 Questions

1. 简述店铺开张时的活动。
2. 民间怎样祭财神？
3. 说说“牙祭”一词的来源及含义。
4. 传统商业有哪些禁忌？

第八章 家庭与家族

第一节　中国人的姓名与称谓

一、中国人的姓名

姓名既是人的符号，又是人们互相区别、联系的一个记号。自古以来，人们对自己的姓名就十分重视。中国的姓与名，是经历了历史变化才发展到今天人们所惯用的姓名形式的。在中国古代，并不是一开始就使用姓与名的，而是先有姓氏，后有名、字、号等。

1. 姓氏

姓氏是民族血脉延续的标志。中国的姓氏文化随着社会发展和变化而传承，体现出中国文化的延续性。

姓，代表民族的血统，起源于母系社会 (matriarchal society)，因此“姓”字是由“女”和“生”组成的，中国古代不少古姓都以“女”为偏旁，如“姬、姜”等，这说明早期的姓与母亲有关。在民族社会，姓是一种族号，代表着一个民族，起源于民族的图腾 (totem)。图腾是原始人迷信某种动物或自然物同民族有血缘关系，因而用来做本民族的徽号或标志，以表明身份，进而区别不同的民族。

> “进而”表示在已有的基础上进一步。
> 例：①跳健身操能减掉身上多余的脂肪，进而塑造良好的体形。
> ②这种戒烟方法让吸烟者逐渐对香烟不感兴趣，进而达到戒烟的目的。

氏，是古代贵族标志宗族系统的称号，起源于父系氏族社会，男子称氏，氏从父亲而来。可以说，姓代表血缘关系，氏则用以区别贵贱。在夏商周时期，贵族有姓有氏，贵族男子称氏不称姓，如黄帝叫轩辕氏，炎帝叫神农氏等，平民有姓无氏，同姓的男女不能通婚，而同氏的男女可以通婚。

秦统一中国后，先秦的姓氏制度也发生了变化，氏失去了区别贵贱的意义，逐渐与姓合用，成为父系血缘传承的标志，称为“姓氏”，之后合二为一，称为“姓”。

目前在使用的汉族姓氏大约有三千多个，使用最多的前十名姓氏有：王、李、张、刘、陈、杨、黄、吴、赵、周。姓有单姓、复姓，还有三字姓、四字姓甚至五字姓。单姓最多，复姓次之，三字姓、四字姓或五字姓很少见。常见的复姓有上官、东方、皇甫、慕容、公孙、欧阳等。中国有一本关于姓氏的书叫《百家姓》，是在北宋初年写成的。书中原来收集姓氏411个，后来增加到504个，其中单姓444个，复姓60个。《百家姓》的次序不是按照各姓氏的实际人口数量排列，而是讲求读来顺口，易学好记，如“赵钱孙李，周吴郑王”。《百家姓》与《三字经》《千字文》并称为“三百千”，是中国古代幼儿的启蒙读物。

2. 名

“名”的产生也是在氏族社会时期。《说文解字》对“名”这样解释：“名，自命也。从口夕，夕者，冥也，冥不相见，故以口自名。”意思是黄昏后天色暗黑，人们不能互相认清，就用代号来称呼，这就是名的由来。

古人说：“赐子千金，不如教子一艺；教子一艺，不如赐子好名。”意思是给孩子很多钱财，不如教给他一种技艺；教给他技艺，不如给他取个好名字。可见在中国人的心目中，名字具有重要意义，凝聚着父母对孩子的感情和期望，以及他们的理想、情趣、爱好与追求。

人们取名时注意传承性，长期按“字辈谱”命名的方式，更是有浓厚的宗族观念和文化特色，表达着几代人甚至数十代人之间的血缘关系，传承着个体生命延续意识和家族亲缘关系。凡是同一祖先的族姓，便共同制订出一些好的字，排定顺序，依次使用，这样同族同辈的人都有一个共名，作为行辈区别，又各自有自己的专名，只要一看这个行辈区别字，就知道他是哪一代。使用行辈字最典型、延续时间最长的大概要算山东曲阜孔子的后代，乾隆为孔子后裔定了三十个字为：“希言公彦承，宏闻贞尚衍，兴毓传继广，昭宪庆繁祥，令德垂维佑，钦绍念显扬。”1920年，孔家后人孔令贻又在这三十个字后续了二十个字：“建道敦安定，懋修肇益常，裕文焕景瑞，永锡世绪昌。”孔子家族世系数百年来就这样一直排列下来。

人们取名时不可避免地会带有时代性，与当时的社会背景、环境、形势及时代精神风貌密切相关，在名字中都体现出不同时代特定时期的人文氛围和价值取向。如魏晋南北朝时期玄学 (metaphysics) 盛行，起名讲究高雅，盛行以“之”命名，如书法家王羲之，画家顾恺之、科学家祖冲之、文学家颜延之等。南北朝佛教盛行，取僧名成了时髦，如僧佑、僧护、僧智、梵童、摩诃等名。唐代时人们追求雅，以文、德、儒、元、雅、士等字命名很流行。宋代以后，尤其在明清时期，字辈谱命名法最盛行，喜欢用安、福、永、泰等吉利字命名。民国年间崇拜洋名，取玛丽、海伦、彼得、约翰、汤姆之名的很多。“文革”期间讲求忠于国家，报效国家，人们取名喜欢用红、建、卫、忠、青等字。现在取名就更加多元化了，根据汉字丰富的内涵，表达出人们的各种意愿，有的希望孩子聪明漂亮，有的希望孩子光宗耀祖，有的希望孩子幸运安康，有的希望孩子能成就一番事业等，都体现在名字当中。

小名是幼儿时期起的名字，也叫“乳名”，有的地方还叫“奶名”，在书面语中称为“小字”，由父母或长辈给孩子起，表达了他们对孩子的爱，一般只在家庭和亲朋好友之间使用。如小名“来福”，讨吉利口彩；小名“铁蛋”，寄托着父母对孩子“容易养活”的希望。*旧时，人到了入学年龄，要另起个名，相对小名而言就叫大名；就读书而言，叫学名。*

> “就……而言”表示话题的范围或动作的对象，也说“就……来说”。
> 例：①就学汉语而言，学习者得多了解一些中国文化。
> ②就工作经验来说，他确实比别人要丰富一些。

古代的女子有姓无名，在家只有小名、乳名，对外就称为某某氏。从汉代开始，女子结婚后就用丈夫的姓，如“张氏、李氏”等，这是“妻从夫姓”。五代以后，则把丈夫的姓加在妻子的姓前边，如“王张氏”，“王”是该女子丈夫的姓，“张”是该女子本人的姓，这样既表明了该女子已婚的身份，又能显示她丈夫以及她自己家族的姓氏，这是“妻冠夫姓”，这种冠姓方式一直流传到近代，现在中国的香港和台湾等地不少已婚的女子仍保留着这样的冠姓方式。

3. 字

周代贵族男子二十岁算成年，此时要举行加冠仪式，就是把垂下的头发束起来，挽在头顶，戴上冠，用簪把冠和发髻固定在一起，然后由通过占卜选定的嘉宾根据他的名的含义，给他起一个字，自此以后，他就列入“丈夫”的行列了，《礼记》上说：“男子二十冠而字”，这是贵族阶层承认并接纳一个成年男性为正式成员的一种表示。为什么男子成年要“冠而字”呢？因为名是父亲起的，在幼年时使用，长大成人了，别人不适合直呼其名，所以得另外取字。此外，周代时人们有避讳的习俗，人死之后，为了对他表示尊敬，就不再称他的名，因此，成年之后人们也就“敬名称字”了。到了汉代以后，人们取字，只是为了参与社会交际，慢慢就不举行隆重的冠礼了，改由父祖辈、老师或其他有文化的人给取字，而且不一定是成年时取，也可以和小名、大名一同取。同时，取字原来是属于贵族阶层的特权，后来发展到知识阶层也能取字，不过地位低下的人还不能取字。到了明清时期，几乎所有的人就都有字了。

古人刚生下不久就有了名，长大以后要取字，两者相连，通称“名字”。关于二者的作用，古人认为名是用来区分彼此的，字则是表示德行的，二者性质不同，用途也不大一样。*一般说来，古时候，名是阶段性的称呼，小时候称小名，大了叫大名。*等有了字，名就成了应该避讳的东西，相称时也只能称字而不称名。

> “一般说来”意思是从通常的情况来看，也说“一般来说”。
> 例：①一般说来，学习一门外语都要花很大工夫。
> ②一般来说，经常运动的人身体会比较健康。

4. 号

号是名和字之外的称号，又叫“别号”。号的出现比较早，最初大概是隐士(hermit)们的自称。到了晋代，文人雅士(refined scholar)们有号的人渐渐多了起来，如中国有名的东晋诗人陶渊明名潜，号五柳先生。唐宋以后文人起号就越来越多了。明清时期，给自己起号不但普遍，而且一人有两三个号也很常见。

号是人们表现自我的符号，它可以把个人的生活经历、思想情趣等充分表达出来，随意而定，而且能时常更改。中国历史上有名的文人有：唐代诗人李白号青莲居士，杜甫号少陵野老，宋代苏轼号东坡居士，清代郑燮号板桥，等等。有些人的号的使用率甚至超过了名或字，如苏轼常被人称为苏东坡，郑燮常被人称为郑板桥。

号还有谥号、绰号等。谥号是中国古代帝王、诸侯、卿大夫、高官大臣等死后，朝廷根据他们的生平行为给予的一种称号，用来褒贬善恶。谥号来自于谥法，是从周代开始的。谥法规定了若干个有固定涵义的字，大致分为三类：属表扬的有文、武、景、烈、昭、穆等；属于批评的有炀、历、灵等；属于同情的有哀、怀、愍（mǐn）、悼等。看到一个皇帝的谥号，就可大概知道后人对他的评价。如中国历史上被称为“文景之治”时期的西汉两代皇帝的谥号就是“文”和“景”，人们称为汉文帝和汉景帝。当然，不少谥号因为“为尊者讳”而不能真正反映谥号主人的所作所为。唐代以前的皇帝大多称谥号，从唐代开始就谁都有庙号了，所以人们习惯称庙号，如唐高祖、唐太宗等。明清两代的皇帝一般一个年号用一辈子，所以人们习惯称他的年号，如明嘉靖帝、清康熙帝、清乾隆帝等。一般文人学士或隐士的谥号由他们的亲友、门生或故吏来加，称为“私谥”，与朝廷颁赐的不同。

绰号是根据人物特征起的名号，最初只叫“号”，后来叫“诨名”，现在一般叫“外号”。比如中国古典名著《水浒传》中梁山泊一百零八将都有绰号：吴用足智多谋，被称为“智多星”；石秀路见不平、拔刀相助而不顾危险，被称为“拼命三郎”，孙二娘为人凶悍，被称为“母夜叉”……这些绰号都非常传神地描绘了人物的特点，并且让人印象深刻，至今也经常被使用：人们对聪明、做事有办法的人称为“智多星”；对勇敢不怕死或干事竭尽全力的人称“拼命三郎”；对凶悍的女人称“母夜叉”；等等。

二、中国人的称谓

称谓，也叫称呼，是对亲属、朋友、同事以及社会上有关人员关系的称呼。在中国古代，对称谓的使用非常讲究，对不同的身份、在不同的地位和环境，使用称谓都有讲究。现在的中国社会对称谓的使用虽然没有古代那么严格，但也要求正确、得体。

1. 亲属称谓

中国人的亲属称谓包含一整套男女有别、长幼有序、等级分明的不同称谓，显示了中国人传统宗族、血缘、婚姻、家庭的内部构成及特点，与中国古代社会的组织方式、家庭形式、财产分配、继承原则等方面有很大的关系，蕴含着丰富的文化因素。中国人十分重视称谓，在中国传统的社会结构中，称谓是礼仪的重要体现。

过去人们对亲属的长辈、平辈不直呼姓名、字号，而是按照对方与自己的关系来称呼，如祖父、祖母、父亲、母亲、胞兄等。对别人称呼自己的亲属时，前面加上“家”字，如家父、家母、家兄、家妹等；对别人称自己的平辈、晚辈亲属时，前面加上“舍”“小”或“敝”，如敝兄、舍弟、小儿等；对亲属自己谦称，前面加上“愚”字，如愚兄、愚弟、愚侄等。称呼别人的亲属时，前面加上“令”或“尊”字，如尊夫人、令尊、令堂、令郎、令爱等。中国的亲属称谓十分复杂，这与中国古代社会的组织方式、家庭形式、财产分配、继承原则等方面有很大的关系。

在现在的中国社会，人们的思想观念发生了很大的变化，在亲属称谓上已经没有过去那么多的讲究，以上的多数称谓多在书面语中使用，而在日常生活中，亲属间的称谓变得较为简洁，如以“我”为基点来称呼家族中的每个人，常见的称谓有以下五类。

（1）祖辈

“我”父亲的父亲，书面语称为“祖父”，口语称为“爷爷”；父亲的母亲，书面语称为“祖母”，口语称为“奶奶”；母亲的父亲，书面语称为“外祖父”，口语称为“姥爷”或“外公”；母亲的母亲，书面语称为“外祖母”，口语称为“姥姥”或“外婆”。

（2）父辈

包括“我”的父母亲及与父母亲同辈的男性和女性。父亲，口语叫“爸爸”，母亲，口语叫“妈妈”；伯父，也叫“伯伯”，是父亲的哥哥；伯父的妻子叫“伯母”；叔父，也叫“叔叔”，是父亲的弟弟；叔叔的妻子叫“婶婶”；姑姑，也可叫“姑母”，是父亲的姐妹；姑姑的丈夫叫“姑父”；舅舅，是母亲的兄弟；舅舅的妻子叫“舅母”或“舅妈”；姨是母亲的姐妹；姨的丈夫叫“姨父”；公公，是丈夫的父亲；婆婆，是丈夫的母亲；岳父，口语叫“丈人”，是妻子的父亲；岳母，口语叫“丈母娘”，是妻子的母亲。

（3）同辈

夫妻，男的称为丈夫、先生，口语叫“老公”，女的称为妻子、太太，口语叫“老婆”；兄弟，兄是比“我”年龄大的同辈男性，也叫“哥哥”，弟是比“我”年龄小的同辈男性；姐妹，也可叫“姊妹”，姐是比“我”年龄大的同辈女性，妹是比“我”年龄小的同辈女性；伯父、叔父的儿子叫“堂哥”或“堂弟”，女儿叫“堂姐”或“堂妹”；舅舅、姨、姑姑的儿子叫“表哥”或“表弟”，女儿叫“表姐”或“表妹”；大叔子是丈夫的哥哥，小叔子是丈夫的弟弟；大姑子是丈夫的姐姐，小姑子是丈夫的妹妹；大舅子是妻子的哥哥，小舅子是妻子的弟弟；大姨子是妻子的姐姐，小姨子是妻子的妹妹。

（4）儿辈

“我”的孩子，男的叫“儿子”，女的叫“女儿”；“我”的兄弟的儿子叫“侄子”，女儿叫“侄女”；“我”的姐妹的儿子叫“外甥”，女儿叫“外甥女”。

（5）孙辈

“我”的儿子的儿子，叫“孙子”，女儿叫“孙女”；“我”的女儿的儿子叫“外孙”，女儿叫“外孙女”。

2. 社交称谓

在社会活动中，人们之间相互接触，称谓是否符合彼此的身份，是否表现出尊重，是否符合当时的社会习惯等是一个十分重要的问题。在中国古代，人们在社会交往中的称谓有十分严格而且烦琐的规定，现代中国社会的社交称谓逐渐简化，但也相当注意得体、恰当。

传统的称谓中有些称谓今天还在使用：称呼自己常用谦称，如“鄙人、在下、学生、晚生、小弟”等；称呼对方常用尊称，对德高望重的人称“先生、前辈”，对职位身份高贵的人称“阁下”，对对方的亲属常用上“贤、尊、令、高、长”等字，如“尊夫人、令尊、令堂、令郎、尊师、高足”等；称对方住处为“尊府、府上”；称自己住处为“寒舍、蜗居”；称对方的意见为“高见”；称自己的意见为“愚见”；这些称谓在比较正式、重要的场合，在文化界、艺术界、商界中以及书面语中使用较多，一般的日常生活使用并不普遍。

在日常生活和一般交往中，称谓可以按职业、职务、年龄或身份等来选择。

按职业来称谓，如：在医院称“医生、大夫、护士”，在学校称“老师、同学”；在饭馆称“服务员”。在一些服务性行业或以体力劳动为主的工作中，如：对出租车司机、厨师、清洁工、修理工等称“师傅”，对在银行、公司等工作的职员称“先生、小姐、女士”，其他如“律师、会计、工程师”等。

按职务、职称来称谓，如“校长、院长、教授、部长、局长、科长、处长、军长、船长、经理、老板”等。

按年龄称谓：对老学者、老前辈在姓的后面加一个“老”字，如“张老、李老”；同事、朋友之间较熟悉的，对年龄大些的在姓的前面加一个“老”字，如“老张、老李”；对年龄差不多的在姓的前面加一个“大”字，如“大张、大李”；对年龄小些的在姓的前面加一个“小”字，如“小张、小李”；邻居之间或陌生人之间，按年龄不同，男性分别称“大爷、老伯、叔叔、大哥”等，女性分别称“大妈、大婶、阿姨、大姐”等，对小孩儿称“小朋友”。

按身份称谓：称已婚或未婚的男性为“先生”；称已婚女性为“太太、夫人”；未婚女性为“小姐”。“女士”这个词可以称呼已婚或未婚的女性。

此外，“同志”这个词意思是拥有共同志向的人。在20世纪初期的中国，“同志”是政治社团内部成员之间的称呼，中华人民共和国建立以后成为人们之间广泛使用的带有一定敬意的称谓，是通行全中国的社交统称。中国改革开放以后，“同志”的使用范围在逐渐变小，一般出现在党政机关中以及一些正式的会议中，它的称谓功能已经分散到上述的各种称谓中去了。不过到政府机关办事，在不知道对方的职务的情况下，最常用的称呼还是“同志”。近些年来，“同志”一词还有了新的含义，它成了“同性恋”的代名词，这一语义在20世纪80年代末产生于香港，90年代中后期经广东传入大陆内地地区。“老师”这个词的使用范围现在也有扩大的趋势，在文化界、演艺界、媒体单位如电视台、杂志社、报社、出版社以及其他一些单位部门，称年龄比自己大的、资格比自己老的人为老师，以表示对对方的尊敬。

生词表 Words

1.	血脉	xuèmài	（名词）	bloodline
2.	血统	xuètǒng	（名词）	bloodline, breeding
3.	偏旁	piānpáng	（名词）	radical
4.	徽号	huīhào	（名词）	logo
5.	平民	píngmín	（名词）	common people, civilian
6.	通婚	tōnghūn	（动词）	intermarry
7.	凝聚	níngjù	（动词）	crystallize, indicate
8.	取向	qǔxiàng	（名词）	orientation
9.	报效	bàoxiào	（动词）	render service
10.	凶悍	xiōnghàn	（形容词）	fierce and tough
11.	竭尽全力	jiéjìn-quánlì		do one's utmost
12.	志向	zhìxiàng	（名词）	ideal, aspiration, ambition
13.	机关	jīguān	（名词）	government body
14.	分散	fēnsàn	（动词）	diffuse

思考题 Questions

1. 说说中国人姓、氏、名、字、号的来历和含义。
2. 说说中国人的名字有什么时代特点。
3. 以“我”为基点，怎么来称呼家族中的人？
4. 在中国的社会交往中，怎么称呼对方？

第二节　家庭、家族与家庭教育

一、中国人的家庭

1. 传统家庭及其特点

家庭是由婚姻、血缘等关系组成的社会组织的基本单位，是社会发展到一定阶段出现的社会形式。随着私有财产制的确立，出现了以父系为主体的家庭形式。

（1）传统家庭关系

在传统家庭中，家庭成员的关系在礼制上有严格的规定，尊卑有序，各尊其位。当时的婚姻制度是嫡妻制。嫡妻是男子的原配妻子，嫡妻制就是一个家庭只有一个丈夫和一个嫡妻，家长身份和家庭财产的获得是按嫡长子继承制来确定的，嫡长子是嫡妻所生的长子。嫡妻之外，丈夫别的妻子称为妾，妾的地位很低，妾的儿子叫庶子，在家庭中的地位比嫡子低，但比自己的母亲高。家长在家庭中拥有最高的地位和权力，子女没有个人财产，在生活各方面受家长约束，比如婚姻，家长决定子女结婚的对象，或者在结婚后，家长也能决定子女的婚姻关系能否继续。从家庭规模上看，三代同堂或多代同堂的家庭比较多，富贵家庭的人口会更多，因为富贵家庭更有经济能力让男性除了正妻以外还娶妾生子，使得人口大大增加。

在家庭中，女子的地位较低，受到的约束更多。周礼中规定了“三从四德”：“三从”是“未嫁从父、既嫁从夫、夫死从子”，意思是女子未出嫁在家服从父兄，出嫁后服从丈夫，丈夫死后服从儿子；“四德”是“妇德、妇言、妇容、妇功”，意思是在德行方面女子要遵从孝悌忠信，言语要谦恭，外貌仪态要端庄，要善于做纺织、刺绣等女子应做的事。家庭中的夫妻关系主要是“女主内，男主外”，就是男子在外建功立业，女子在家中做家务，照顾长辈，养育儿女。汉代时，西周礼制的“七弃”以法律的形式固定下来了，“七弃”就是“七出”，指妻子如果犯了不孝、无子、淫乱、嫉妒、多言、恶疾、盗窃中的任何一项，丈夫就有权将她休掉，这体现出夫妻间的不平等地位及男尊女卑的现实。

（2）传统家庭观念

中国古代的人们对家庭是非常重视的。一方面，中国古代自然经济占统治地位，人们的生活围绕着家庭展开，家庭是家庭成员衣食住行生活的重要保障；另一方面，中国传统社会属于“家国同构”的社会历史模式，人们把治家和治国放在同等重要的地位上，作为家庭关系体现的男女、夫妇、父子被看成社会的基础，家庭中的忠孝等伦理观念扩展到国家的治理中去，是整个社会的支柱。从汉语中“国家”一词就可以看到在人们心中“国”与“家”是同等重要的。

在家庭中，“孝”的观念很重要，中国人认为“百善孝为先”，意思是“孝”是一个人所应具有的好品德中最重要的品德，子女要按照一套礼仪敬重父母长辈，同时尽力照顾他们。在汉代，行孝可以由地方向上级推荐做“孝廉”，之后可以做官，“孝”还成了做官的一条路。汉代开始，“三纲五常”的思想不仅影响着封建 (feudalism) 政治，也影响着当时的家庭关系。“三纲”指“君为臣纲，父为子纲，夫为妻纲”，要求为臣、为子、为妻的必须绝对服从于君、父、夫，同时也要求君、父、夫为臣、子、妻做出榜样；“五常”指“仁、义、礼、智、信”，是用以调整、规范君臣、父子、兄弟、夫妇、朋友等人伦关系的行为准则。

在晚清和民国时期，中国社会沿袭数千年的宗法家族制度和男尊女卑等封建观念遭到批判，中国人的婚姻家庭观念发生了很多积极的变化，在一些城镇家庭，自由、平等的新观念逐渐深入人心，妇女们也开始追求男女平等，地位有所提高。

2. 现代家庭及其特点

现代中国社会的家庭与过去相比，发生了很大变化。

（1）现代家庭结构和类型

第一，家庭结构与规模越来越小型化。目前中国的家庭基本有两大类型：一类是夫妇加孩子及老人的三代人家庭；一类是只有夫妇和孩子的两代人的核心家庭。特别是20世纪80年代中国实行严格的计划生育政策以来，一对夫妇只生一个孩子，三口人的核心小家庭增加很快。第二，家庭类型变得多样化。除了传统的家庭模式，与其他国家一样，中国社会上还存在着一些非传统的家庭形式，包括：单亲家庭，就是由单身父亲或母亲养育未成年子女的家庭；单身家庭，就是人们到了结婚的年龄不结婚或离婚以后不再婚而是一个人生活的家庭；重组家庭，就是夫妻一方再婚或者双方再婚组成的家庭；丁克家庭，就是有收入、有生育能力但不要孩子，浪漫自由、享受人生的家庭；空巢家庭，就是孩子不在身边，只有老两口生活的家庭；还有非婚生育的单亲家庭、未婚同居家庭、一人独居家庭，等等。此外，随着中国社会开放程度的不断提高，跨国婚姻也不断增多。可见，中国社会的家庭模式正朝着更为多元化的方向发展。

（2）现代家庭关系和观念

现代家庭关系和家庭观念方面与过去相比也有很多变化。

首先，家庭成员的关系变得平等。一是在夫妻关系上，1950 年中国颁布了新的婚姻法，实现了真正的婚姻自由、一夫一妻、男女平等，形成了新型的夫妻关系。目前，多数夫妻有平等的家庭财产所有权、支配权和继承权，甚至有些家庭出现了 AA 制、婚前财产公证的现象，夫妻共同决定家庭事务、分担家务劳动，女人被称为社会的“半边天”。二是在父母与子女的代际关系上也逐渐平等，家庭气氛更加民主。父母对孩子的教育相对宽松，子女的升学、就业、婚姻等个人问题，主要由自己决定，或同父母商量决定，多数父母开始尊重子女的自主权。孩子对长辈也不一味地盲从，父母子女之间以朋友方式相处已成为一种时尚，在经济上相互扶持、生活上相互依赖、人格上相互尊重已成为亲子关系的主流。可见，男尊女卑、夫尊妻卑、父尊子卑的传统意识日渐消失，男女平等、夫妻平等、亲子平等、家庭成员一律平等成为人们的普遍要求。

其次是“孝”的观念与方式的变化。孝顺长辈的传统被保留下来，子女会在日常生活中在物质和精神上替家中长辈分忧，尊重长辈的权利，如对父母一方丧偶后再婚大多比较开明。赡养长辈的方式发生了一些变化。随着中国经济的不断发展，居住条件的逐步改善，退休养老、社会保险制度的建立，老人对子女的依赖性越来越小，子女们长大结婚后，一般都与父母分开居住、生活，子女赡养、孝敬老人的方式主要是经常关心、看望、照顾老人，并保证老人的基本生活费用。有些老人自己的收入或身体条件比较好，反过来还给子女以一定的帮助，如资助生活费用、照看小孩儿等。

二、中国人的家族

1. 传统家族关系与家族观念

中国是一个家族传统浓厚的国家，家族由一些具有亲近的血缘关系的家庭组成，中国传统的家族是以父系的血缘联系在一起的。一些源于同一男性祖先的家族组成宗族，一般包括同一高祖父传下的四代子孙，当然有的宗族可包含更多的世代，家族和宗族有时合二为一。

（1）传统家族关系

“五服”和“九族”是在家族人际关系中两个常见的概念，它们的范围被认为是通常家族的血缘关系的范围。“五服”本来是丧服制度，使用五种丧服作为死者与亲属的亲属关系的标志。从父系亲属来看，服丧的范围是同一高祖的后人，民间认为“出五服”就不算是一个家族群体了。“九族”则有两种不同的说法。第一种说法是“九族”指父族而言，以本人为基点，向上依次为父亲、祖父、曾祖、高祖，向下依次为儿子、孙子、曾孙、玄孙。第二种说法是父族四、母族三、妻族二。父族四是指姑之子（姑姑的子女）、姊妹之子（外甥）、女儿之子（外孙）、自己的同族（父母、兄弟、姐妹、儿女）；母族三是指母之父（外祖父）、母之母（外祖母）、从母子（娘舅）；妻族二是指岳父、岳母。古代皇帝杀人常会“株连九族”，这是古代社会实行的株连法，一人犯法，尤其是犯大法，往往要被杀掉“九族”。家族成员中每个人的身份、地位、价值、权利、义务和责任以及无论做任何事情的结果都和整个家族联系在一起。一个人犯错或者犯罪，整个家庭和家族都抬不起头，所谓“家丑不可外扬”讲的就是这种家族荣誉感。同样，古代科举考中就是“光宗耀祖”，是整个宗族名誉的象征，这种家族荣誉观到现在还有一些影响，“光大门楣”“光宗耀祖”这样的话还经常能听到。这种做法同时为每个家族成员提出了要求，就是集合众人的力量来实现“家和万事兴”。

（2）传统家族观念

家族中“尊祖敬祖”的忠孝观念很浓厚。家族成员把本族祖先看作家族血缘的根本，保持家族谱系不断，社会地位不降，这是每个家族中个人的重要职责。很多拥有同一个祖先的家族中还有记载着其家族变迁的家谱。家谱又称族谱、宗谱、祖谱、谱书等，记载着一个以血缘关系为主体的家族的世系繁衍和重要人物事迹，具有区分家族成员血缘关系亲疏远近的功用。随着历史的发展，家谱由官修变为私修，不仅大家族修家谱，一般家庭也有制订、保存和流传家谱的习俗。中国民间家谱十分丰富，保存了大量的民间生活历史资料。有些家谱在立谱时便确定了家族世系命名的顺序，同一家族中辈分相同的人在名字中用同一个字表示辈分。“辈分”就是家族成员的世系次第，规定着不同世系次第的人在家族内部的角色差别和权利等级。辈分大的人的权威要高于辈分低的人，民间称之为“排辈”，讲求和注重尊卑、上下和嫡庶，等级非常严格。不同的家族成员在家族中有不同的地位和权力，并按照各自的等级地位来规范自己的所作所为，并且要修身律己，服从尊长和权威。这种家族观念反映到社会生活中就是“论资排辈”，意思是根据资历深浅、辈分大小来决定级别、待遇的高低。

2. 家族祠堂

因为遵从尊祖敬祖的祖先崇拜观念，所以很多家族中设有祠堂来供奉祖先神主。祠堂是进行祭祀活动的场所，被看作家族的象征，家族成员在此对祖先感恩追思，并祈求祖先保佑、降福于整个家族。民间建造的家族祠堂从唐代到明代初年比较兴盛，从元代开始出现以宗族为单位建立的宗祠，到明代时才允许平民联宗建庙，明清时期各地出现了很多宗祠。可以说，宗祠是有共同祖先的各家族共同建立的，祠堂最重要的功用是祭祀祖先，祭祀的名目和时间都有规定，祭祀的目的在于通过祭祀本族共同的祖先，祈求祖先的保护，加强本族人的联系，维护家族血亲势力，明确本族成员所应遵守的礼教规范。除了作为祭祀场所以外，祠堂还是执行族规或家法的地方，也有家族成员在宗祠举行冠礼、婚礼或丧礼，不少宗族还在祠堂中设家学，请有学问的人为本族子弟讲学授课。平时没有重要的事情时，祠堂是不允许外人随便进入的。

现在中国社会的家族已经从一种权利共同体转变为一种文化共同体，家族的内容和形式已经发生了改变，传统家族组织的权力功能几乎已经没有了，不过家族的存在还是会给人们以心灵上的寄托。同样，现在很多祠堂都已经消失，或是虽然留存，但很多人已经不知道它有什么用了。除了一些地区留存下来的少数祠堂还保留着原先的功用，更多的则只带给人们对过去时代和岁月的追思。

三、家庭教育

中国的家庭教育源远流长，从历代的礼法到家训、家规，以及散见于经、史、子、集之中的大量有关家教的名言名篇，都可以看到人们对家庭教育的重视。

1. 中国传统家庭教育

（1）教育内容

传统家庭教育在教育内容上重视品德教育。中国古代社会是以伦理为本的社会，普遍认为人的道德素质首先在家庭中形成，应该在家庭中受到正确的教育，养成良好的素质，成为一个人格高尚的人，因此在家庭教育目标上，集中在“德”和“行”两个方面。

教育内容主要包括以下几个方面：一是以“孝悌”为中心的伦理教育，就是要孝敬父母，家庭成员之间要“和为贵”，目的在于保持家庭关系的和睦，从而使家庭和社会能长期稳定与发展；二是注重人际关系的和谐，包括培养尊敬师长、诚实守信、与人为善、积德助人、礼让他人等美德；三是勤俭治家，生活要朴实节约，不追求物质享受，希望通过这种教育培养后代居安思危的意识和自立的能力，以求得更好地立足于社会；四是勤奋好学，古人认为学习不仅能增长知识，而且可以使人明白事理，提高人的道德修养和改变人的精神气质；五是行为习惯的培养，在举止、言谈、饮食、起居等很多方面都提出了很多要求。在这些方面，孔子的教育思想影响很大。

孔子是中国古代最伟大的教育家，他不仅创立了儒家学派和私学，而且对中国古代家庭教育也有很大的贡献。孔子主张以教育的手段建立以“孝”为根本、以家庭伦理为基础的政治道德体系，由此建立人人安居乐业的社会。他认为，建立在父母子女之间血缘关系之上的伦理道德秩序是政治的基础，因此家庭的伦理道德教育是非常重要的，其中孝道是家庭教育的根本内容。在孔子看来，如果一个人知道孝敬父母，就会考虑父母及家人的利益，有助于家庭的和睦，完善家庭等级；同时这种行为准则会转化成服从上级，忠诚于国君，利于国家政权巩固和社会稳定，即“父父子子”会变为“君君臣臣”。这种“孝”的教育在孔子的言论中时有出现。如：孔子说“父母在，不远游”，意思是当父母在时，不应出门远游，以免父母担心以及需要照顾时没有人照应；孔子说“里仁为美”，认为子女的成长环境与周围的环境有关系，父母应该“居必择邻”，就是要选择有好邻居的地方居住，只有这样，才“长成若天性，习惯成自然”，意思是孩子才能自然地养成良好的性格习惯。

“以免”表示目的是使下文所说的情况不至于发生，用在下半句话的开头。
例：①你最好少吃多运动，以免发胖。
②快下雨了，你带上伞吧，以免被淋湿。

（2）教育方法

在教育方法上，传统家庭教育重视言传与身教的结合，强调学习环境的重要性。历史上有名的关于孟子母亲的“孟母三迁”和“断机教子”的故事，就体现出这方面的优良传统，这两个故事已经成为中国古代家庭教育的宝贵经验。（孟子是在孔子之后最有影响的儒家学派代表人，被人们合称为“孔孟之道”，在中国历史上影响很大。孟子的父亲死得很早，他的母亲把他养大。）

孟母三迁：刚开始孟子和母亲住在墓地旁边，孟子每天喜欢在墓地的空地上学筑土坟，孟母就把家搬到热闹的集市旁；可是孟子整天学着买卖人做生意的样子玩，孟母认为这样下去孟子就不会好好学习，就把家迁到学校旁边；此后，孟子的游戏改为模仿学校的礼仪活动，对学习也产生了浓厚的兴趣。由于孟母注意到生活环境对孩子教育的影响，主动选择良好的居住环境，由此培养了一个大学问家。

断机教子：孟子上学之后，进步很快，学了几年，他认为自己已经学有所成，不用再继续学习了，于是告诉母亲要停止学习，当时孟母正在织布，听了孟子的话，就抽刀砍断了纺线，孟子不明白母亲为什么要这样做，孟母说，“你中断学习，就像我现在砍断这些纺线一样半途而废，最后将一事无成！”听了母亲的话，孟子非常惭愧，从此更加努力，最终学有所成。

（3）教材

在教材上，一是传统教育重视蒙学教材的编写和使用，在知识教育和日常生活之中进行道德教育。各朝各代都有一些有影响的蒙学教材问世，如《千字文》《三字经》《百家姓》《千家诗》《龙文鞭影》《幼学琼林》等。这些教材不仅用于书馆、私塾等机构的教育，在家庭教育中也广泛使用。

二是中国古代的官宦 (government official) 家族常将家训、家范写成文字，作为家庭教育的规范，较有名的有南北朝时期颜之推的《颜氏家训》、宋代司马光的《家范》等。

颜之推是南北朝时期中国著名思想家、教育家、文学家，《颜氏家训》是他对自己一生有关立身、处世、为学经验的总结。他在书中提出的一些切实可行的教育方法和主张影响很大，自成书以来一直被作为家教范本广为流传。

司马光有两部传世之作：一部是《资治通鉴》——一部编年体的历史巨著；另一部就是《家范》。《家范》是历代推崇的家教范本，全书共十九篇，系统地讲述了封建家庭的伦理关系、治家原则，以及修身养性和为人处世的道理。书中引用了许多儒家经典中的治家、修身格言以及各种史事，叙述封建大家庭的伦理关系、道德规范以及治家的方法，在当时很受人们欢迎，被看作家庭教育必备的书籍。

2. 现代家庭教育

时代的变迁带来社会政治、经济和文化的变化。一方面中国现代家庭教育继承了传统教育的特点，重视品德教育、早期教育以及父母的言传身教，重视教育环境等，如在重视早期教育方面，很多父母很早就带着孩子参加目前市场上开办的各种学习班，在语言、运动、思维训练、音乐、人际交流、绘画等各方面进行学习。另一方面，中国家庭教育深受西方家庭教育理论和实践的影响，在教育观念、教育方式等方面产生了较大的变化。首先，中国现代的家庭价值观从传统的重视家族利益向重视以人为本转变，从而使中国当代家庭教育在教育观念上，以实现孩子的全面发展、人格完善、个性自由为教育目标，不再以“光宗耀祖”为成才标准，重视发挥孩子的各种才能；其次，多元文化的影响使人们的教育思想也多元化，尽管人们有不同的育儿思想，家庭教育内容重点在于提升孩子综合素质与培养德、智、体、美等健全人格的追求却是一致的；在教育方式上，中国现代家庭的家长们比较尊重孩子的个性、权利和意愿，教育方式比较民主平等，同时不仅强调家庭教育的重要性，也重视家庭教育和学校教育、社会教育的相互沟通。

家庭教育是一门复杂的学问，尽管中国现代的家庭教育也出现了这样那样的问题，不过随着人们对教育本质认识的不断提高以及国内外教育思想的不断交流，越来越多的父母在家庭教育的过程中主动学习，不断丰富自己的教育理念和教育方法，使自己的孩子能够接受到更加科学、完善的家庭教育。

生词表 Words

1.	确立	quèlì	（动词）	establish
2.	原配	yuánpèi	（名词）	first wife
3.	约束	yuēshù	（动词）	constrain
4.	遵从	zūncóng	（动词）	defer to
5.	谦恭	qiāngōng	（形容词）	modest and courteous
6.	仪态	yítài	（名词）	bearing, posture
7.	端庄	duānzhuāng	（形容词）	dignified
8.	淫乱	yínluàn	（动词）	be licentious
9.	嫉妒	jídù	（动词）	be jealous
10.	盗窃	dàoqiè	（动词）	steal, burglarize
11.	休	xiū	（动词）	divorce one's wife
12.	准则	zhǔnzé	（名词）	norm
13.	多元化	duōyuánhuà	（形容词）	diversified
14.	支配	zhīpèi	（动词）	dispose
15.	公证	gōngzhèng	（动词）	notarize
16.	分担	fēndān	（动词）	share
17.	一味	yíwèi	（副词）	blindly, persistently
18.	盲从	mángcóng	（动词）	follow sb. or sth. blindly
19.	扶持	fúchí	（动词）	offer aid
20.	开明	kāimíng	（形容词）	enlightened, open-minded
21.	株连	zhūlián	（动词）	involve (others) in a criminal case
22.	荣誉	róngyù	（名词）	honour
23.	名誉	míngyù	（名词）	fame, reputation
24.	资历	zīlì	（名词）	seniority

25.	追思	zhuīsī	（动词）	reminisce
26.	居安思危	jū'ān-sīwēi		be vigilant in peacetime
27.	安居乐业	ānjū-lèyè		live a stable life and enjoy one's work
28.	学有所成	xué yǒu suǒ chéng		make some accomplishment in learning
29.	半途而废	bàntú'érfèi		give up halfway
30.	一事无成	yíshì-wúchéng		accomplish nothing
31.	沟通	gōutōng	（动词）	communicate

思考题 Questions

1. 谈谈中国传统家庭观念。
2. 什么是"五服"与"九族"？
3. 说说传统家庭教育内容。
4. 说说"孟母三迁"和"断机教子"的故事。

附录一
生词索引

A			
哀悼	āidào	（动词）	第二章四
哀思	āisī	（动词）	第二章四
安居乐业	ānjū-lèyè		第八章二
安息	ānxī	（动词）	第三章四
安葬	ānzàng	（动词）	第三章四
暗示	ànshì	（动词）	第五章二
B			
跋山涉水	báshān-shèshuǐ		第五章一
白头偕老	báitóu-xiélǎo		第四章三
拜会	bàihuì	（动词）	第三章二
半途而废	bàntú'érfèi		第八章二
包办	bāobàn	（动词）	第三章三
包袱	bāofu	（名词）	第六章二
褒贬	bāobiǎn	（动词）	第六章二
保健	bǎojiàn	（动词）	第二章二
报效	bàoxiào	（动词）	第八章一
暴政	bàozhèng	（名词）	第五章一
爆发	bàofā	（动词）	第二章一
奔波	bēnbō	（动词）	第五章一
奔放	bēnfàng	（形容词）	第六章一
比喻	bǐyù	（动词）	第一章二
比喻	bǐyù	（名词）	第四章一
避讳	bìhuì	（名词）	第四章一
边疆	biānjiāng	（名词）	第七章一
贬义	biǎnyì	（名词）	第六章二
变革	biàngé	（动词）	第四章三
变相	biànxiàng	（形容词）	第二章二
遍布	biànbù	（动词）	第四章三
辨认	biànrèn	（动词）	第五章一
标记	biāojì	（名词）	第七章四
标示	biāoshì	（名词）	第七章四
并称	bìngchēng	（动词）	第三章四
薄利	bólì	（名词）	第七章一
补养	bǔyǎng	（动词）	第二章二
C			
裁剪	cáijiǎn	（动词）	第二章一
采用	cǎiyòng	（动词）	第二章二
残暴	cánbào	（形容词）	第五章一
藏品	cángpǐn	（名词）	第六章一
测量	cèliáng	（动词）	第一章一
层面	céngmiàn	（名词）	第二章三
产物	chǎnwù	（名词）	第二章一
畅通	chàngtōng	（形容词）	第七章五
超越	chāoyuè	（动词）	第六章二
朝廷	cháotíng	（名词）	第四章二
潮流	cháoliú	（名词）	第二章一
沉浮	chénfú	（动词）	第七章三
称谓	chēngwèi	（名词）	第四章一
成分	chéngfèn	（名词）	第二章四
呈现	chéngxiàn	（动词）	第七章二
诚挚	chéngzhì	（形容词）	第二章四

持续	chíxù	（动词）	第一章一
炽热	chìrè	（形容词）	第五章一
冲撞	chōngzhuàng	（动词）	第七章六
憧憬	chōngjǐng	（动词）	第六章一
重见天日	chóngjiàn-tiānrì		第五章二
崇拜	chóngbài	（动词）	第一章二
酬谢	chóuxiè	（动词）	第三章二
筹划	chóuhuà	（动词）	第七章一
筹码	chóumǎ	（名词）	第二章四
出击	chūjī	（动词）	第七章一
雏形	chúxíng	（名词）	第二章一
处置	chǔzhì	（动词）	第五章二
传承	chuánchéng	（动词）	第三章二
传神	chuánshén	（形容词）	第五章二
传授	chuánshòu	（动词）	第五章一
传说	chuánshuō	（动词）	第一章一
传宗接代	chuánzōng-jiēdài		第五章一
纯洁	chúnjié	（形容词）	第二章三
醇厚	chúnhòu	（形容词）	第二章二
赐	cì	（动词）	第一章二
粗糙	cūcāo	（形容词）	第六章一
粗犷	cūguǎng	（形容词）	第六章一
促销	cùxiāo	（动词）	第二章一

D

搭配	dāpèi	（动词）	第一章一
大气	dàqì	（形容词）	第七章四
大体	dàtǐ	（副词）	第三章三
带动	dàidòng	（动词）	第七章五
担当	dāndāng	（动词）	第三章二
单调	dāndiào	（形容词）	第二章一
诞生	dànshēng	（动词）	第二章四
淡化	dànhuà	（动词）	第一章二
淡雅	dànyǎ	（形容词）	第二章一
盗窃	dàoqiè	（动词）	第八章二
道贺	dàohè	（动词）	第三章一
德高望重	dégāo-wàngzhòng		第三章二
德行	déxíng	（名词）	第三章二
底蕴	dǐyùn	（名词）	第六章一
地势	dìshì	（名词）	第五章一
颠倒	diāndǎo	（动词）	第四章一
典雅	diǎnyǎ	（形容词）	第二章一
奠定	diàndìng	（动词）	第二章四
吊唁	diàoyàn	（动词）	第二章四
顶天立地	dǐngtiān-lìdì		第五章一
鼎盛	dǐngshèng	（形容词）	第六章一
动心	dòngxīn	（动词）	第四章三
端庄	duānzhuāng	（形容词）	第八章二
对应	duìyìng	（动词）	第一章一
兑换	duìhuàn	（动词）	第七章三
多元化	duōyuánhuà	（动词）	第三章三
多元化	duōyuánhuà	（形容词）	第八章二

E

恶化	èhuà	（动词）	第二章一
恩德	ēndé	（名词）	第三章三

F

发誓	fāshì	（动词）	第四章三
烦琐	fánsuǒ	（形容词）	第二章一
繁盛	fánshèng	（形容词）	第二章三
繁衍	fányǎn	（动词）	第三章一
繁殖	fánzhí	（ 动词）	第三章一
范畴	fànchóu	（名词）	第六章一
贩运	fànyùn	（动词）	第七章一
废除	fèichú	（动词）	第二章一
分担	fēndān	（动词）	第八章二
分工	fēngōng	（动词）	第六章二
分娩	fēnmiǎn	（动词）	第五章二
分散	fēnsàn	（动词）	第八章一
分享	fēnxiǎng	（动词）	第三章一
分支	fēnzhī	（名词）	第七章三
氛围	fēnwéi	（名词）	第二章三

蕴藏	yùncáng	（动词）	第四章二

Z

灾祸	zāihuò	（名词）	第一章二
遭受	zāoshòu	（动词）	第一章二
遭殃	zāoyāng	（动词）	第四章一
造型	zàoxíng	（名词）	第二章二
增进	zēngjìn	（动词）	第三章一
斋戒	zhāijiè	（动词）	第二章二
展现	zhǎnxiàn	（动词）	第六章一
占卜	zhānbǔ	（动词）	第四章二
长辈	zhǎngbèi	（名词）	第一章二
招揽	zhāolǎn	（动词）	第七章四
兆头	zhàotou	（名词）	第七章六
针对	zhēnduì	（动词）	第二章二
真相	zhēnxiàng	（名词）	第五章二
真挚	zhēnzhì	（形容词）	第五章二
斟	zhēn	（动词）	第二章三
镇压	zhènyā	（动词）	第一章二
争先恐后	zhēngxiān-kǒnghòu		第四章二
征服	zhēngfú	（动词）	第五章一
征求	zhēngqiú	（动词）	第三章三
拯救	zhěngjiù	（动词）	第五章一
正规	zhèngguī	（形容词）	第七章二
正派	zhèngpài	（形容词）	第四章三
郑重	zhèngzhòng	（形容词）	第三章二
政权	zhèngquán	（名词）	第四章二
支配	zhīpèi	（动词）	第八章二
知己	zhījǐ	（名词）	第二章四
志向	zhìxiàng	（名词）	第八章一
制服	zhìfú	（名词）	第二章一
制约	zhìyuē	（动词）	第三章三
质地	zhìdì	（名词）	第六章一
中落	zhōngluò	（动词）	第四章一
中西合璧	zhōngxī hébì		第二章一
忠诚	zhōngchéng	（形容词）	第四章二
忠贞	zhōngzhēn	（名词）	第二章三
终结	zhōngjié	（动词）	第三章四
终年	zhōngnián	（副词）	第五章一
周而复始	zhōu'érfùshǐ		第四章二
周游	zhōuyóu	（动词）	第五章一
株连	zhūlián	（动词）	第八章二
主管	zhǔguǎn	（动词）	第四章三
主流	zhǔliú	（名词）	第二章一
主体	zhǔtǐ	（名词）	第二章二
主宰	zhǔzǎi	（名词）	第四章二
专栏	zhuānlán	（名词）	第六章二
专利	zhuānlì	（名词）	第四章二
专营	zhuānyíng	（动词）	第七章三
专制	zhuānzhì	（形容词）	第四章二
庄严	zhuāngyán	（形容词）	第二章四
庄重	zhuāngzhòng	（形容词）	第二章一
装殓	zhuāngliàn	（动词）	第三章四
追思	zhuīsī	（动词）	第八章二
追溯	zhuīsù	（动词）	第六章一
准则	zhǔnzé	（名词）	第八章二
资历	zīlì	（名词）	第八章二
宗庙	zōngmiào	（名词）	第二章四
走街串巷	zǒujiē-chuànxiàng		第七章一
走廊	zǒuláng	（名词）	第七章五
走向	zǒuxiàng	（名词）	第七章五
足不出户	zúbùchūhù		第七章二
足智多谋	zúzhì-duōmóu		第四章三
诅咒	zǔzhòu	（动词）	第四章三
组织	zǔzhī	（名词）	第七章三
遵从	zūncóng	（动词）	第八章二
遵循	zūnxún	（动词）	第三章一

附录二 中国历代纪元表

五帝（约前30世纪初～约前21世纪初）

夏（约前2070～前1600）

商（前1600～前1046）：前商期（前1600～前1300）　后商期（前1300～前1046）

周（前1046～前256）：西周（前1046～前771）　东周（前770～前256）

秦[秦帝国]（前221～前206）

汉（前206～公元220）：西汉（前206～公元25）　东汉（25～220）

三国（220～280）（三国鼎立时期）：魏（220～265）　蜀汉（221～263）　吴（222～280）

晋（265～420）：西晋（265～317）　东晋（317～420）

南北朝（420～589）：

南朝：宋（420～479）　齐（479～502）　梁（502～557）　陈（557～589）

北朝：北魏（386～534）　东魏（534～550）　北齐（550～577）

西魏（535～556）　北周（557～581）　隋（581～618）

唐（618～907）

五代（907～960）：后梁（907～923）　后唐（923～936）　后晋（936～947）

后汉（947～950）　后周（951～960）

宋（960～1279）：北宋（960～1127）　南宋（1127～1279）

辽（907～1125）

西夏（1038～1227）

金（1115～1234）

元（1206～1368）

明（1368～1644）

清（1616～1911）

中华民国（1912～1949）

中华人民共和国（1949.10.1 成立）

· 图书推荐 ·
Recommendations

华语学习金字塔
Sinolingua Learning Tree

This series has been listed as the State Recommended Learning Resources of Foreign Language Courses in the states of Idaho and Utah in the U.S.

汉英 Chinese-English edition

By Victor Siye Bao, Zeng Fanjing

▸ 205X260mm ¥24.9/册 0.14kg/册

New Edition All rights available.

- 紧紧围绕 IB PYP 教学话题
- 词汇参照 YCT 和 IB 等国际通行的中文考试大纲词汇
- 内含详细用书指导供教学参考
- The series covers topics from the Primary Years Programme (PYP), Middle Years Programme (MYP) and the ab initio of the Diploma Programme (DP) established by the International Baccalaureate (IB), and is compiled using the vocabulary listed in the syllabi of international Chinese language tests, such as the Youth Chinese Test (YCT), International General Certificate of Secondary Education (IGCSE), IB and Advanced Placement Programme (AP).

No.	书号	书名（中文）	Title	定价 (RMB)	重量 (kg)
		沉浸式	Immersion Version, IB PYP		
1	9787513813273	该你了，加油!	Come On. It's Your Turn!	24.90	0.14
2	9787513813907	高矮胖瘦	Tall, Short, Fat and Thin	24.90	0.14
3	9787513813914	吃和喝	Food and Drink	24.90	0.14
4	9787513813921	亲我一下吧!	Give me a Kiss	24.90	0.14
5	9787513813938	我家有五口人	Five People in My Family	24.90	0.14
6	9787513813945	你几岁了?	How Old Are You?	24.90	0.14
7	9787513813952	我很好! 你呢?	I'm Fine! And You?	24.90	0.14
8	9787513813969	你是哪国人?	What's Your Nationality?	24.90	0.14
9	9787513813976	书包里有什么?	What's in Your Bag?	24.90	0.14
10	9787513813983	昨天、明天和今天	Today, Tomorrow and Yesterday	24.90	0.14
		即将出版	Coming Soon		
1		爱运动	We Love Sports	24.90	0.14
2		该你接球了!	You Are the Catcher!	24.90	0.14
3		交通工具	Means of Transportation	24.90	0.14
4		你叫什么名字?	What Is Your Name?	24.90	0.14
5		我爱你们!	I Love You!	24.90	0.14
6		为什么哭了?	Why Are You Crying?	24.90	0.14
7		你认识他吗?	Do You Know Him?	24.90	0.14
8		这个颜色好看吗?	Does This Colour Look Good?	24.90	0.14
9		去野餐	Having a Picnic	24.90	0.14
10		穿戴	Getting Dressed	24.90	0.14
		即将出版	Coming Soon		
1		星期几在家?	What Day Is It at Home?	24.90	0.14
2		桌子上有什么东西?	What's on the Table?	24.90	0.14
3		玩儿捉迷藏	Play Hide and Seek	24.90	0.14
4		我喜欢的玩具	My Favorite Toy	24.90	0.14
5		猜职业	Guess the Job	24.90	0.14
6		这件衣服怎么样?	How about this Dress?	24.90	0.14
7		上班怎么来?	How Can You Get to Work?	24.90	0.14
8		你看见了吗?	Do You See That?	24.90	0.14
9		钓鱼	Fishing	24.90	0.14
10		准备生日会	Prepare Birthday Party	24.90	0.14
		即将出版	Coming Soon		
1		踩气球	Stepping on Balloons	24.90	0.14
2		你看见了什么?	What Do You See?	24.90	0.14
3		你现在想做什么?	What Do You Want to Do Now?	24.90	0.14
4		上个星期和下个星期	Last Week and Next Week	24.90	0.14
5		老师来了	Teacher Is Coming	24.90	0.14
6		我家的花园	My Family Yard	24.90	0.14
7		我们和好吧	Let's Make Up	24.90	0.14
8		免费的	For Free	24.90	0.14
9		奇怪的天气	Weird Weather	24.90	0.14
10		零字怎么写?	How to Write the Chinese Character 零 (ling)?	24.90	0.14

· 图书推荐 ·
Recommendations

突破 IB 中文 B 高级课程难关
Follow Me Through BHL

- 汉英 Chinese-English edition
  By Vivienne Fung
  210×285mm, All rights available
- 突破 IB 中文 B 高级课程难关（2018 年新大纲版）
  Follow Me Through BHL（2018 New editon）
  ISBN 9787513815451, ￥129.00
- 突破 IB 中文 B 高级课程难关 阅读理解练习册（2018 年新大纲版）
  Follow Me Through BHL --Reading Exercise Book（2018 New Edition）
  ISBN 9787513815437, ￥39.00

突破 IB 中文 B 普通课程难关
Follow Me Through BSL

- 汉英 Chinese-English edition
  By Vivienne Fung
  210×285mm, All rights available
- 跨越 IB 中文 B 普通课程难关（2018 年新大纲版）
  Follow Me Through BSL（2018 New editon）
  ISBN 9787513815444, ￥129.00
- 跨越 IB 中文 B 普通课程难关 阅读理解练习册（2018 年新大纲版）
  Follow Me Through BSL --Reading Exercise Book（2018 New Edition）
  ISBN 9787513815420, ￥39.00

- 《突破 IB 中文 B》（2018 年新大纲版）依照 IBDP 中文 B 的 2018 年考试新大纲（2020 年首次考试）写作部分和个人口语表达的内容和评分标准进行编写，从构思、文体、话题、词语、句子结构等方面指导考生进行复习。还附加了一本练习册。练习册上的练习题都是按照卷二阅读理解和听力阅读理解的题型，对应书中的例文编写，方便老师对学生进行阅读理解训练。
- *2018 New edition* is based on the writing and speaking requirements and grading standards of the 2018 B-level IBDP test syllabus.The test based on this syllabus will become the standard in 2020.Thebooks can serve as a guide for students to prepare for the test in terms of conceptualization, style, topic, vocabulary and sentence structure. It provides mind maps, sample texts, oral practice, exercise banks, oral questions and mock writing tests. All the exercises in the workbook have been developed according to the listening and reading sections of the IBDP test and correspond to sample texts in the textbook, which will assist teachers in providing optimal training to students.

彬彬有礼
Manners Matter

- 汉英 Chinese-English edition
  ISBN 9787513815772
  By Yu Chengong, 110X180mm, 162PP, ¥29.00
- 本书作者长期在海外从事对外汉语教学工作，教学经验丰富。通过阅读本书，读者可进一步了解中国实用的交际礼仪以及相关的语言表达，从而轻松自如地与中国人打交道。
- 本书具有以下特点：
  1、设计了餐桌礼仪、礼尚往来乃至表达哀思之情等诸多社交场景；
  2、设计了不同社交场景下标准地道的语言表达，并标注了从随意到正式的礼仪指数；
  3、书中的语言表达可通过扫二维码听录音进行学习。
- Written by a certified and highly experienced international Chinese teacher, this book is intended for those seeking a deeper understanding of practical Chinese social customs and the language that goes along with them. It will greatly facilitate their communication with Chinese people.
- To help readers grasp the language and behavior applicable to a number of social situations, this book has four features: 1. Realistic characters that vary in age and roles; 2. Diverse social situations, from the dinner table and gift-giving to funeral condolences; 3. Standard and natural language expressions suitable for different situations; 4. An etiquette index that ranks each expression from very casual to very formal for the reader' s ease of use.

快乐学汉语
Have Fun with Chinese

- 汉英 Chinese-English edition
  ISBN 9787513814317
  205X275mm, 48PP, ￥39.00 元
- 一本专为 4 至 10 岁儿童设计的趣味汉语教材。内含多个孩子感兴趣的主题，包括家庭、房屋、数字、颜色、年龄、动物、食物、饮料、衣着等等。孩子在书中将接触到数十个汉语词汇及短句，学会描述他们所喜爱的事情、数数、连线、跳房子、单词接龙、上色或绘画等等。
- It is designed to ease children aged 4 to 10 into learning Chinese. This book covers topics of family, household items, numbers, colors, ages, animals, food and drink, clothing, etc. Not only can children learn dozens of Chinese words and phrases by using this book, they can also use it to learn how to describe things they like in Chinese, and express many childhood activities.

For more information, visit us at www.sinolingua.com.cn

Email: hyjx@sinolingua.com.cn, **Tel:** 0086-10-68320585, 68997826

责任编辑：陆　瑜
翻　　译：吴爱俊
英文编辑：范逊敏
封面设计：古润文化

图书在版编目（CIP）数据

中国文化读本 / 覃俏丽著. -- 北京 : 华语教学出版社, 2017.6
商贸汉语系列教材
ISBN 978-7-80200-978-3

Ⅰ. ①中… Ⅱ. ①覃… Ⅲ. ①汉语－对外汉语教学－教材 Ⅳ. ①H195.4

中国版本图书馆 CIP 数据核字（2015）第 099761 号

中国文化读本

覃俏丽　著

*

华语教学出版社有限责任公司出版
（中国北京百万庄大街 24 号　邮政编码 100037）
电话：(86)10-68320585, 68997826
传真：(86)10-68997826, 68326333
网址：www.sinolingua.com.cn
电子信箱：hyjx@sinolingua.com.cn
北京虎彩文化传播有限公司印刷
2017 年（16 开）第 1 版
2023 年第 1 版第 4 次印刷
ISBN 978-7-80200-978-3
006900